U0935389

致力于中国人的教育改革与文化重建

立 品 图 书·自觉·觉他
www.tobebooks.net
出 品

（清）朱元育——講述

天人之机

参同契阐幽·悟真篇阐幽

图书在版编目（C I P）数据

参同契阐幽·悟真篇阐幽 /（清）朱元育著．—北京：华夏出版社，2018.6

ISBN 978-7-5080-5173-4

Ⅰ．参… Ⅱ．朱… Ⅲ．①周易参同契－注释②道教－气功 Ⅳ．B234.992

中国版本图书馆 CIP 数据核字（2009）第 076045 号

华夏出版社出版发行

（北京东直门外香河园北里 4 号　邮编：100028）

新华书店经销

北京彩虹伟业印刷有限公司

*

787×1092　1/16 开本　13.125 印张　160 千字

2009 年 6 月北京第 1 版　2018 年 6 月北京第 7 次印刷

ISBN 978-7-5080-5173-4

定价：28.00 元

目 录

参同契阐幽

悟真篇阐幽

导　读

内丹学，是道教重要的炼养方法，其修炼过程经七返九还而复归本初之道，所以也称为还丹。内丹炼养之道，渊源于先秦以来的行气、守一等术，是此类方术在实践和宗教化过程中发展成熟的产物。

《老子》和《庄子》是内丹学的理论渊源。老庄学派的精、气、神等概念不仅为内丹学所沿用，其“致虚极，守静笃”，凝神、守一、坐忘、心斋等修持工夫也被内丹学视为口诀。《老子》书中的“专气致柔”“抱一”“谷神不死”“长生久视”等内容，和《列仙传》谓“老子好养精气，贵接而不施”之说相契，是综合了行气和房中的修炼方法。《庄子》书中的内炼功夫偏重清修，具体功法多见于《养生主》《刻意》《庚桑楚》《达生》等篇。

东汉魏伯阳著《周易参同契》，融贯清修丹法和外丹黄白术，以卦爻作符号，以日月运行的周期作为掌握火候的标准。全书托易象而论炼丹，参考《易经》、黄老、炉火三家的理论而汇归为一体，为道教最早的系统论述炼丹的书籍，被后世丹家尊为“万古丹经王”。

魏晋时出现的《黄庭经》和葛洪的《抱朴子·内篇》，都含有内丹功法。《黄庭经》已有“子丹”“玄丹”等名称，是后世“内丹”一名的雏形，重点讲述了以存神、意守三丹田、内视、调息为主的清修丹法。尤其是“三丹田”学说提出，对内丹理论体系的建构有着里程碑式的意义，被后世各派普遍吸收。

唐朝与五代，是内丹发展的关键时期，司马承祯著《天隐子》、李筌、张果等注解《阴符经》，钟离权著《灵宝毕法》，吕洞宾传钟离权丹道，施肩吾在二人的基础上撰《钟吕传道集》，崔希范撰《入药镜》，使内丹理论进一步完备。其中钟吕派的丹法，经后世发展又分为南宗和北宗两派。

南宗以张伯端为开山祖师。张伯端，字平叔，号紫阳真人，北宋时天台人，晚年得道，著《悟真篇》。他本人兼修清修与阴阳两派丹法，但仅将清修丹法传与石泰，石泰传与薛道光，薛道光传与陈楠，陈楠传与白玉蟾，以上五人被尊为"南宗五祖"。张伯端又传马自然、刘奉真等；刘奉真传丹法于翁葆光，翁葆光又传若一子，这一支为阴阳双修传承。

北宗由金代王重阳所创立，又称全真道。王重阳于甘河镇遇异人传授内丹口诀，炼养三年而成就。后王重阳东游山东半岛传道，收马钰、谭处端、刘处玄、丘处机、王处一、郝大通、孙不二为徒，史称"全真七子"。其中丘处机开创的龙门派逐渐壮大，成为北宗丹法唯一传世的一支。王重阳所创内丹为禅道结合的清修法诀，先从心理着手，重视性功修炼，其口诀在于降心炼性，以求达到心理不受外界干扰，使心如止水，性似明镜。性功修炼成功后，再用数年时间静坐修道。

南宗丹法与北宗相比较，在性命双修的前提下较重命功，行功之前，先须筑基炼己为入手功夫。即对人体已亏损的精、气、神进行修复，等待精满、气足、神全之后，才进入正式炼丹阶段。主张先命后性，以人身中的上药三品即精、炁、神三宝为药物，经筑基、炼精化炁，炼炁化神，炼神还虚而结"金丹"。在此基础上，南宗主张参究心性，归于究竟空寂之本源。张伯端反对形式上的出家离俗，隐避山林，而主张"大隐隐于市"。他似乎也无意建立教团。他本人就不是出家的道士。南宗直至五祖白玉蟾，始开始有云游道士，也组织了南宗自己的教团组织。

这与北宗组织井然有序，戒律严明的风格也形成了鲜明的对比。然而，南北宗丹法同源于钟吕内丹系统，在本质上是统一的。

元代初年，道士李道纯，为南宗白玉蟾的再传弟子，丹法理论融汇三教，采用打坐、参究等方法以求明心见性，以“守中”为丹法要诀，在内丹学中自成一家，被后内丹家称为“中派”。李道纯著有《中和集》《三天易髓》等著作，以内丹修炼的思路解释《中庸》《心经》等儒佛二家经典。明代托名“尹真人高弟”所著的《性命圭旨》，以“中和”为要诀，强调儒佛道三家合用为最上乘，是对李道纯内丹理论的进一步发展。清代黄元吉继承了李道纯的“守中”思想，著《乐育堂语录》，反对三峰采战、搬运等邪术，主张从忠孝节义入手，穷理尽性，极为重视《大学》《中庸》等儒家典籍，反映了后期内丹学说受理学影响的独特面貌。从中派的几位代表人物可以看出，中派的发展没有明显的脉络，并非一个独立的教团组织，其传承也无详细可靠的谱系资料。

元末明初的道士张三丰，是在内丹学发展史上举足轻重的一位大师。张三丰的丹法据称传自火龙真人，称为隐仙派，其法诀采清修派与阴阳派之长，著有《无根树词》《大道论》《玄机直讲》等，突破了长期以来内丹典籍艰深玄奥的束缚，把魏伯阳《参同契》、张伯端《悟真篇》的炼形、保精、调神、运气、归真还原等内丹理论以通俗易懂的唱词形式表达，这是张三丰在促进道教思想传播方面的贡献。后世道众因此对他的《无根树》推崇备至，说它“吐老庄之秘密，续钟吕之心传”。因此，明代以后不少内丹大师对《无根树》进行注释阐发，对内丹的普及起了重要的推动作用。

明代万历年间，扬州兴化县陆西星创立内丹东派。陆西星著《周易参同契测疏》《玄肤论》《金丹就正篇》等书，汇纂为《方壶外史丛编》，解开了《参同契》《悟真篇》的丹法之秘。东派丹法力主男女栽接成丹，但仅限于夫妇修炼，并无左道采战之术的流弊。从逆用逆修的原则出发，竹破竹补，追摄栽接，适用中老年身体已亏的夫妇修炼，是正统的阴阳丹法。

清代道光年间，四川乐山县人李西月创立西派。李西月以陆西星的后身自居，著有《三车秘旨》《道窍谈》《后天串述》等书。西派丹法以清净自然作为筑基的方法，以阴阳妙用为成丹的手段，使同类相补，达到返本还元的目的。李西月传吴天秩、柯怀经，吴天秩传汪东亭。汪东亭门下弟子众多，著名的有魏尧、徐仲尧、蔡潜谷，在近代内丹家中享有崇高的声誉，对内丹学的传播贡献巨大。

我们选编了朱元育的《参同契阐幽》，这是历代《参同契》注疏里最为详实可靠的一个版本，备受丹家推崇。另外，我们选编了吕洞宾和张伯端的著作，后世丹家均将此二人尊为祖师，是各派丹法的理论渊源。最后，选编了张三丰著作的一部分，以便读者对明代内丹的集大成者的思想有初步的了解。

曹越

二〇一二年五月于北京

参同契阐幽

汉·魏伯阳　著述
清·朱元育　阐幽

提 要

《周易参同契》，是道教丹鼎派最早的理论著作，流传至今已有一千八百多年，一直被视为超凡成仙的修炼宝典，因此有“万古丹经之王”的美誉。

《周易参同契》，由东汉著名的炼丹道士魏伯阳著。魏伯阳，自号云牙子，被后世尊奉为“丹经之祖”。全书共分为三篇，约六千多字，基本是用四字一句、五字一句的韵文及少数长短不齐的散文体和离骚体写成。该书主要从用药、火候、服丹等方面来阐述炉火炼丹要诀，运用《周易》所揭示的阴阳之道，参合黄老自然之理，并以五行为辅助，以玄精为丹基，假借卦爻法象，以显性命真源；立基于天地化育，以揭示道德纲纪；玄机透露，灿若口星。被万古丹家视为炼丹至宝，并以此作为归根复命、养性修真的圣典。

朱元育，清代人。师事北宗张碧虚，习清静丹法，于《周易参同契》得以入门，而尚未窥其堂奥。从此足穷五岳，遍参诸方，后入终南深处，幸遇灵宝老人，点开心易，表里洞然，道业精进。由于《周易参同契》一书文辞古奥，托旨深远，其真义令人不易捉摸，连朱熹都觉得“无下手处，不敢轻议”。若没有真修实证的功底，实难入其堂奥。故而历代注解者虽众，但不乏臆度揣摩之说，比附攀援之解。有鉴于此，朱元育花费十年时间，潜心注解此书，名之曰《参同契阐幽》。此书一出，力扫旁门臆说，独露最上一乘，循流达源，开显正旨。既不违《参同契》主旨，又揭示魏公之心传，在众多注本中，堪称上乘之作。

本篇以成都守经堂刻本为底本，将竖排繁体字重新录入，并加注了新式标点，以横排简体字予以出版，以利于现代人阅读。

序　言

大道“〇”本无言说，本无名相，混混沌沌，莫知其端。然非假言说名相以表之，则道终不显。昔者羲皇作《易》，直指乾坤，老子著《经》，全提道德。赖此两圣，凿破混沌面目，人人分上底性命根源，才知着落处，大道从此开明矣。二书同出一源，其后不幸而分为儒玄两家，宗易者流，为象数之小儒；宗玄者流，为延年之方士；而归根复命之学，或几乎息矣！孰能会而通之，其惟《参同契》乎！

此书出自汉代伯阳魏祖，假卦爻法象以显性命根源。性乃万劫不坏之元神，命则虚无祖炁、元始至精也。拈一即两，举两即三，会三即一。∴故言神而精气在，精气非粗；言精气而神在，神非精也；言性而命存，命非滞于有；言命而性存，性非沦于无也。只此两字真诠，可分可合，可放可收。在羲《易》则以乾坤为众卦之父母，在老子则以道德为万象之总持；后来诸子百家，横说竖说，总不出这两字范围。顺而达之，则曰天命之谓性；逆而还之，则曰穷理尽性以至于命。堂堂大道，三教合辙，千圣同归，外此悉属旁蹊曲径矣。夫此逆还之法，本自无多，作者慈悲，岂不欲当头直指，但恐知音者希，未堪明破，不得不从无言说中强生言说，从无名相中强立名相。惨淡经营，秘母言子，遂以两字真诠，叠成七卷，于是分御政、养性、伏食为三门，又分药物、炉鼎、火候为三家。一门中各具三门，一家中各具三家，三而参之，九转之功于是乎毕，此其所以为《参同契》也。惟参也，乃见性命之各正；惟同也，乃见性命之不二；惟契也，乃见穷理尽性至命之要归。七卷中，倏分倏合，倏放倏收，大约前主分，后主合，前主放，后主收，错综变化，自然成文，此《参同契》之所以未易知未易言也。

元育髫年慕道，最初拜北宗张碧虚师，指示玄关，便于此书得个入门，而尚未窥其堂奥。从此足穷五岳，遍参诸方，鲜有豁我积疑者。最后入终南深处，幸遇灵宝老人，点开心易，表里洞然，方知一粟可藏世界，微尘堪转法轮，是真实语；然此向上机关，讵堪饶舌。犹忆告别老人时，临歧丁宁，嘱以广度后人，无令断绝。且机缘多在大江以南，既而束装南旋，入圜办道，赖毗陵诸法侣，竭力护持，粗了一大事。丁酉岁，挈门下潘子（静观），习静华阳，兼览《道藏》，信手抽出《参同契》一函，快读数过，如贫子得宝藏，不胜庆快平生。窃念此书源流最远，实为丹经鼻祖，诸真命脉。魏祖曾将此书亲授青州从事徐公，徐遂隐名注之，今已失传。后来注者纷纷，错会不少，甚至流入彼家炉火诸旁门，而祖意益晦塞矣。育甚悯之，思发其复，遂禁足结冬，日诵正文一两章，与潘子究其大义，令笔录焉。深山静夜，秉烛围炉，两人细谈堂奥中事，思之不得，鬼神来告，久而豁然贯彻矣！更八十晨昏，草本乃就，题曰《阐幽》，谓此书向来埋藏九地，而今始升九天之上也；此书向来沉沦幽谷，而今始浴咸池之光也。既脱稿，复与潘子改正数番，剥尽皮肤，独留真实，私作枕中鸿宝。岁在丁未，许子静笃启请流通，公诸同志，张子静鉴实佐焉。于是鸠工募刻，同志翕然响应，而七卷次第告成。请余作序，因略述其所得于师者，以就正有道焉。并愿读是书者，勿滞言说，勿胶名相，只从此“○”中讨消息。始而范围造化，既而粉碎虚空，有何御政、养性、伏食之可折？有何药物、炉鼎、火候之可分？并性命两字，亦可不必建立矣！如是会去，差足报魏祖、徐祖及从上诸祖之恩，差足报羲皇、老子及从上诸圣之恩，而世出世间，情与无情，一切山河大地蠢动含灵之恩，亦无不报矣！一道平等，头头各现，将见情与无情，悉发大光明藏，破暗烛幽，余亦从此兀然忘言矣！

康熙己酉仲春朔旦北宗龙门派下弟子朱元育稽首敬撰

上篇

上卷

（上卷言御政，共计五章，乃上篇之上也。）

此卷专言御政，而养性伏食已寓其中。盖所谓御政者，陈乾坤坎离之法象，隐然具君臣上下之规模。君主无为，臣主有为，即养性伏食两道之所取则也。故末篇又称大易性情。

乾坤门户章第一

此章首揭乾坤门户包括万化，乃全书之纲领也。

乾坤者，易之门户，众卦之父母，坎离匡廓，运毂正轴。

此节言一阴一阳之道，不出乾坤范围也。盖天地间只此一阴一阳，其本体则谓之道，其化机则谓之易，其神用则谓之丹。易道之阴阳，不外乾坤；丹道之阴阳，不出性命。乾坤即性命也。然必穷取未生以前消息，方知天地于此造端，人生于此托始，丹道即于此立基原。夫鸿濛之先，一炁未兆，不可道，亦不可名，廓然太虚，无方无体，是谓真空。空中不空，是谓妙有。惟即有而空，故无始之始，强名曰天地之始。惟即空而有，故有始之始，强名曰万物之母。即有而空，便是太极本无极，即空而有，便是无极而太极。太极之体，本来无动无静，动而无动，乾之所以为天也，而轻清者有其根矣；静而无静，坤之所以为地也，而坚凝者有其基矣。一动一静之间，人之所以为天地心也。而易之生生不息者，在其中矣。胚胎虽具，混沌未分，故曰太极函三。迨其静极而动，乾之一阳直彻于九地之下，而坤承之。阴中包阳，实而成坎，是谓天一生水，在地中为水，在天上为月。及其动极复静，坤之一阴直达于九天之上，而乾统之。阳中含阴，破而成离，是为地二生火。在世间为火，在天上为日，此由太极而生两仪，由两仪而生四象也。天地非日月不显，乾坤非坎离不运，故在易道，必以乾坤为体，坎离为用。何以言之？乾之为物，静专而动直，六十四卦之阳，皆出入于乾户，究竟只是最初一〇〇阳；坤之为物，静翕而动辟，六十四卦之阴，皆阖辟于坤门，究竟只是最初一阴。一阴一阳，是谓真易。乾知大始，实为众阳之父，故乾道成男，曰震，曰坎，曰艮。坤作成物，实为众阴之母，故坤道成女，曰巽，曰离，曰兑。从此交易变易，生生不穷，重之为六十四卦，衍之为四千九十六卦。岂非“乾坤者，易之门户，众卦之父母”乎！六子皆出于乾坤，而独用坎离者，何也？盖震、巽、艮、兑各得乾坤之偏体，坎、离独得乾坤之正体。先天定位，本乾南坤北，惟以中爻相易，而成坎离，后天翻卦，遂转作离南坎北。其实乾坤包罗在外，天地之匡廓，依然不动，而坎离之一日一月，自然运旋其中。小之为昼夜晦朔，大之为春秋寒暑，又大之为元会运世。譬若御车然，中心虚者为毂，两头转动者为轴，车本不能自运，惟赖两头之轴，两头之轴又赖中心之毂以运之，车待轴而转动，轴又待毂而运旋，其用方全。坎离之于乾坤亦然，岂非“坎离匡廓，运毂正轴”乎！老子云：“三十幅共一毂，当其无，有车之用。”此之谓也。此章为全书纲领，此节又是通章纲领。乾坤门户，在丹道为炉鼎，坎离匡廓，在丹道为药物，火候出其中矣。

牝牡四卦，以为橐籥。覆冒阴阳之道，犹工御者，准绳墨，执衔辔，正规矩，随轨辙，处中以制外，数在律历纪。

此节言乾坤化出坎离，能覆冒阴阳之道也。乾本老阳，牡也，迨中爻变出离之少阴，则牡转为牝矣；坤本老阴，牝也，迨中爻变出坎之少阳，则牝转为牡矣。坤转为坎，九地之下，渊乎莫测，气机动而愈出，是为无底之橐；乾转为离，九天之上一线潜通，本体虚而不屈，是为有孔之籥。老子云："天地之间，其犹橐籥乎？"指此而言。故曰："牝牡四卦，以为橐籥。"坎离二气，一往一来，出入于天地之间，而昼夜晦朔，春秋寒暑，纤毫不爽。名曰四卦，其实只是一坎一离，名曰两卦，其实只是坎离。中间一阴一阳，乃六十卦之全体，三百六十爻之全用，无不覆冒其中，岂不犹善御者之准绳墨以执衔辔，正规矩以随轨辙乎？夫马之有衔辔，车之有轨辙，法则现前，一一可以遵守。外也准而执之，正而随之，其间必有御车之人处中以制之，即上文所谓运毂而正轴者也。制之之法，不疾不徐，随方合节，有数存乎其间，即下文火候之节度也。律有十二管，历有十二辰，无非六阴六阳，循环运转，一刻不差，而火候之调御得其准矣！此便是周天之纲纪。故曰："处中以制外，数在律历纪。"

月节有五六，经纬奉日使，兼并为六十，刚柔有表里。

朔旦屯直事，至暮蒙当受，昼夜各一卦，用之依次序。

既未至晦爽，终则复更始。

此节言弦望晦朔，数准一月，小周天之火候也。《易》有六十四卦，除却乾坤坎离四卦应炉鼎药物，余六十卦，三百六十爻，正应周天度数。坎离中爻，一日一月，把握乾坤，出入于三百六十五度四分度之一之中，周天纲纪总不出其范围。日为太阳，月为太阴，阳数以五为中，阴数以六为中。两其六为十二，律历之所取则也。以五乘六，共得三十，是为一月之数。日月自相经纬，遂成弦望晦朔。月之消息盈虚，每随日转，有禀命于日之象。故曰："月节有五六，经纬奉日使。"日月经纬，而分昼夜，即此三十日中，兼并为六十卦，自屯蒙讫既济未济，卦象全具其中。卦之内外两体，无不反对，反体如屯蒙䷂䷃需讼䷄䷅之类，对体如中孚䷼小过䷽之类。或表刚而里柔，或表柔而里刚，即屯蒙二卦，可以例举。如屯之一阳动于下，有朝之象；蒙之一阳止于上，有暮之象。昼夜反覆，两卦只是一卦。朔旦从屯蒙起，直至晦日，恰好轮到既济未济。六十卦周，而一月之候始完。完则终而复始，循环无端矣。

日月为期度，动静有早晚。春夏据内体，从子到辰巳。

秋冬当外用，自午讫戌亥。赏罚应春秋，昏明顺寒暑。

爻辞有仁义，随时发喜怒。如是应四时，五行得其理。

此节言二至二分，数准一年，大周天之火候也。日月为期度者，日主乎昼，位当正午，自一阳动处，以至六阳，即属日之气候；月主乎夜，位当正子，自一阳静处，以至六阴，即属月之气候。动静有早晚者，一阳动而进火，应屯卦而为早；一阴静而退火，应蒙卦而为晚。要知一日之期度，即一月之期度；一月之期度，即一年之期度。又要知一年之动静，不出一月之动静；一月之动静，不出一日之动静。此两句承上起下，为通节纲领，下文遂推详一年之候。

卦之内外两体，包举四时。假如屯卦自初爻进火，为子时一阳初动，直到上爻，便是纯阳之巳，从内体达外用，故应乎春夏。蒙卦自上爻退火，为午时一阴初静，直到初爻，便是纯阴之亥，从外用返内体，故应乎秋冬。此言冬夏二至，交媾之候也。

太阳在卯，应在春分，德中有刑，罚之象也。太阴在酉，应在秋分，刑中有德，赏之象也。故曰："赏罚应春秋。"日出乎寅，没乎申，火生在寅，暑之象也。月出乎申，没乎寅，水生在申，寒之象也。故曰："昏明顺寒暑。"仁主发，义主收，爻辞所陈，各有所主，仍是顺寒暑之象。喜近赏，怒近罚，随时而发，不过其节，仍是应春秋之象。此言春秋二分沐浴之候也。如是而水、火、木、金，各秉一时气候，其中有真土调燮，全备造化，冲和之气，结而成丹。故曰："如是应四时，五行得其理。”上节言小周天火候，应乎一月；此节言大周天火候，应乎一年。须知此中作用，俱是攒簇之法。簇年归月，簇月归日，簇日归时，止在一刻中分动静。其中消息全赖坎离、橐籥，所谓覆冒阴阳之道者也！

此章皆以造化法象，明乾坤坎离之功用。人身具一小天地，其法象亦然。乾为首，父，天之象也；坤为腹，母，地之象也；震为足，巽为股，近乎地，分长男、长女之象也；艮为手，兑为口，近乎天，分少男、少女之象也；坎为耳，离为目，运乎天地之中，犹当人位，中男、中女之象也。其余四肢百骸，三百六十骨节，八万四千毛孔，即众卦众爻之散布也。然此有形有名者，人皆知之。孰知其无形无名者乎？父母未生以前，圆成周遍，廓彻灵通，本无污染，不假修证，空中不空，为虚空之真宰，所谓统体一太极也。既而一点灵光，从太虚中来，倏然感附，直入中宫神室，作一身主人，所谓各具一太极也。主人既居神室，上通天谷，下通炁海，性命未分，尚是囫囫囵囵，本来面目。迨中宫消息略萌，摄召太虚之气，从两孔而入，直贯天谷，而下达于炁海。乾下交坤，坤中一爻遂实而成坎，是为命蒂。坤既成坎，其中一阴即随天气而上达于天谷，坤上交乾，乾中一爻遂破而成离，是为性根。于是“囝”地一声脐蒂剪断，而性命遂分上下两弦矣！吕祖所云“穷取生身受气初，莫怪天机都泄尽”者，

此也。从此后天用事，有门有户，不出乾坤橐籥，运用全在坎离。坎沉炁海，元精深藏太渊九地之下，莫测其底，橐之用也；离升天谷，灵光洞彻太虚九天之上，直贯其巅，籥之用也。出日入月，呼吸往来，正当天地八万四千里之中，一阖一辟，而分昼夜；一消一息，而定晦朔；一惨一舒，而别寒暑；一喜一怒，而应春秋。四时五行，无不毕具，而造化在吾一身矣！故学道之士，苟能启吾之门户，而乾坤炉鼎，可得而识矣。能运吾之毂轴，而坎离药物，可得而采矣。能鼓吾之橐籥，而六十卦之阳火阴符，可得而行持矣。所谓顺之生人者，逆之则成丹也。

陈希夷曰："日为天炁，自西而下，以交于地；月为地炁，自东而上，以交于天，男女媾精之象也。"天地不能寒暑也，以日月远近而为寒暑；天地不能四时也，以日月南北而为四时；天地不能昼夜也，以日月出没而为昼夜；天地不能晦朔也，以日月交会而为晦朔。阴阳虽妙，不外乎日月；造化虽大，不外乎坎离。故众卦之变虽不齐，而不出乎坎离之中爻，犹车之三十辐，而共一毂者也。

坎离二用章第二

此章揭言坎离二用，不出一中，了首章运毂正轴之旨也。

天地设位，而易行乎其中矣。天地者，乾坤之象；设位者，列阴阳配合之位，《易》谓坎离。坎离者，乾坤二用。二用无爻位，周流行六虚，往来既不定，上下亦无常，幽潜沦匿，变化于中，包裹万物，为道纪纲。

此节言坎离妙用，即在乾坤定位之中也。在易为乾坤，其法象为天地；在易为坎离，其法象为日月，此后天有形有名之乾坤坎离也。未有天地日月以前，浑然只一太虚，此太虚中本无一物，圆明廓彻，是为先天之乾。即此太虚中，有物浑成，絪缊遍满，是为先天之坤。虚中生炁，为至阳之炁，至阳中间藏肃肃之至阴，此从坤而上升者也。无中含有，是为乾中之离。炁中凝精，为至阴之精，至阴中间藏赫赫之至阳，此从乾而下降者也。有中含无，是为坤中之坎。一升一降，枢机全在中间。枢机一动，天地即分，天地既分，其位乃定，自然天位乎上，地位乎下，日出乎东，月生乎西。所以伏羲先天圆图，乾卦居南，坤卦居北，天上地下，包罗万象，天地定位也。离卦居东，坎卦居西，日月相对，横贯天地之中，水火不相射也。然必天地之体立，而后日月之用行，故《系辞·传》曰："天地设位，而易行乎其中矣。"此直指之辞也。魏公恐世人不知何者为天地，何者为易，特下注脚，谓天地非外象之天地，乃是一乾一坤神室自然之象，即上章所谓门户也。设位非有形之位，乃是一阴一阳自然配合之位，即上章所谓匡廓也。易非卦爻之易，乃是一坎一离，真息往来，自然运行之易，即上章所谓橐籥也。天地之造化，非即吾身之造化乎？何谓坎离者乾坤二用？乾本老阳，中变少阴，离中一阴，实坤元真精。故离自东转南，先天乾位，翻为后天之离，转一成九，以首作尾，故《爻辞》有无首之象。乾之用九，即用离也。坤本老阴，中变少阳，坎中一阳，实乾元祖炁。故坎自西转北，先天坤位翻为后天之坎，转六成一，即终为始，故《爻辞》有永贞之吉。坤之用六，即用坎也。此日月互藏所以为易宗祖，而真水真火交相为用之妙也。一日一月，终古出没于太虚。上下四旁，无所不运，犹之一卦六爻，各有定位。而坎离二用，周流六位，无所不在，其用神矣！故曰："二用无爻位，周流行六虚。"日往则月来，月往则日来，往来岂有定乎？离为天中之阴，恒欲亲下，故曰自东徂西，而下交乎地。坎为地中之阳，恒欲亲上，故月自西徂东，而上交乎天。上下岂有常乎？离中有真水，重阳为之包罗，水藏火中，内暗外明，有幽潜之象。坎中有真火，重阴为之囊括，火藏水中，内朗外暗，有沦匿之象。水火互藏，千变万化，只在中间一点空洞处，有变化于中之象。从此提挈天地，把握乾坤，大道不出其范围，故曰："包囊万物，为道纪纲。"以上俱发明坎离二用，正见易行乎其中之意。

以无制有，器用者空，故推消息，坎离没亡。

此节专言坎离之妙用也。坎离二用，本无爻位，周流六虚，无也。既而包囊万物，为道纪纲，可见无之足以制有矣。世间有形之器，体无不实，究竟实而有者，不能自用，惟赖虚而无者，有以制之。老子云"埏埴以为器，当其无，有器之用"，是也。坎离以无制有，其妙用全在中间空处，故曰："以无制有，器用者空。"从无入有，谓之息。息者，进火之候，坤三变而成乾也；从有入无，谓之消。消者，退符之候，乾三变而成坤也。自朔旦震卦用事之后，历兑至乾，自月望巽卦用事之后，历艮至坤，其间不见坎离爻位，是谓坎离没亡，非没亡也，行乎六虚之间，而周流不定耳。

言不苟造，论不虚生，引验见效，校度神明，推类结字，原理为征。

知日月之为易，即推类结字也。此校度神明之象，确有征验，可原理为征，而非苟造言论者矣。此节只是引起下文。

坎戊月精，离己日光，日月为易，刚柔相当。土王四季，罗络始终，青赤白黑，各居一方，皆禀中宫戊己之功。

此节言二物配合，不离中宫真土也。坎为月，中纳戊土，戊土原从乾来，阳陷阴中，其精内藏，所谓杳杳冥冥，其中有精也；离为日，中纳己土，己土原从坤出，阴丽阳中，其光外用，所谓恍恍惚惚，其中有物也。日光月精，交会于黄道中间，合成先天太易，正以其中一戊一己，刚柔本来匹偶，足相当也，故曰："日月为易，刚柔相当。"戊己二土，可分可合，以四时言之，木旺于春，中寄辰土；火旺于夏，中寄未土，金旺于秋，中寄戌土；水旺于冬，中寄丑土。木、火、金、水，彻始彻终，无不包络于中央真土，故曰："土王四季，罗络始终。"以四方言之，青龙秉木德，居东；朱雀秉火德，居南；白虎秉金精，居西；

玄武秉水精，居北。故曰青、赤、白、黑，各居一方。北一西四，合而成五，是为戊土，杳冥之精，在其中矣；东三南二，合而成五，是为己土，恍惚之物，在其中矣。赖此戊己真土，调和水火，融会金木，使五行四象，俱攒簇于中黄，而大丹结矣。故曰："皆秉中宫，戊己之功。"夫日刚月柔，相当而为太易，故称易为坎离。言岂苟造者乎？乃推类结字者也。五行四时皆秉中宫之土，故称易行乎其中。论岂虚生者乎？乃原理为征者也。此节总缴通章大意。

章首曰易行乎其中，既曰变化于中，正指中宫真土说。盖坎离二物，不离真土，乃成三家，举二物则四象在其中，举三家则五行在其中，一切药物火候，无不在其中矣。乾坤之大用，尽于坎离；坎离之妙用，归于戊己。一部《参同契》，关键全在此处。

日月含符章第三

（"日含五行精"四句，世本误入《君臣御政章》中，今校藏本正之。）

此章特著日月之功用，究药物之所从出也。

易者象也，悬象著明，莫大乎日月。日含五行精，月受六律纪，五六三十度，度竟复更始。穷神以知化，阳往则阴来，辐辏而轮转，出入更卷舒。

此节言日月之交会，其神化出乎自然也。上章既明坎离二用，露出日光、月精两物矣，尚未悉交会之理，魏公遂重举易辞，以申明之。盖日月为易，乃一部《参同契》关键在此。此易是太易之易，此象是无象之象，天下莫能见，莫能知者。欲知无象之易，只消近取诸身；欲知有象之易，必须仰观俯察而得之。在天成象者，惟日月为最著。故《系辞·传》曰："易者，象也。"又曰："悬象著明，莫大乎日月。"夫日月何以独称大也？日秉太阳火精，本体光明洞达，中间一点黑处，即是太阴真水，阳中藏阴，外白内黑，故取离象。月象太阴水精，本体纯黑无光，中间一点白处即是太阳真火，阴中藏阳，外黑内白，故取坎象。阳精为火，火则有光；阴精为水，水惟会影。故月本无光，受日映处则有光，光生于日之所照，魄生于日之所不照。晦朔之交，日月同宫，月在日下，日在月上，月体为日所包，其半边之光全向于天，半边之黑全向于地，故谓之晦。月去日二十五度，人间乃见微光，谓之哉生明。月去日九十余度，人间乃见光一半，谓之上弦。及至日月缠度相对，月在天上，日在地下，对照发光，半边之黑全向天上，半边之光全向人间，其光相望，而圆满遍照，故谓之望。望后相对渐侧，月距日二十五度，人间始见微黑，谓之哉生魄；月距日九十余度，人间只见光一半，谓之下弦，从此其光渐敛渐微，至于体伏光尽，而称晦矣。可见月体本无圆缺，惟受日光之所映以为圆缺。究竟月有圆缺，而日无盈虚，正犹世人后天之命，生老病死，倏忽无常，只有先天一点性光，圆明莹彻，万劫长存耳。周天三百六十五度四分度之一，太阳日行一度，一昼夜一周天，故昼夜一周，谓之一日，行及三十度，方与太阴相会。太阴一日行十三度有奇，行及二十九日有奇，才与太阳相会，故晦朔弦望一周，谓之一月。日含五行精者，日本太阳，得火之精，其中藏乌，得水之精，得木精以滋其炁，得金精以耀其光，中纳己土之精，以包络终始，其光明之体用方全。月受六律纪者，朔日一阳建子，律应黄钟，至望而三阳始盈，乃应仲吕，阳极而阴生矣。望日一阴建午，律应蕤宾，至晦而三阴始纯，乃为应钟，阴极而阳又生矣。举六律则六吕在其中。五为阳数之中，两其五为十干；六为阴数之中，两其六为十二支。五日为一候，六候为一气，以五乘六，恰成三十，适合日月相交之度，晦朔弦望，如环无端，度既终则更始矣。何谓穷神以知化，阳往则阴来？张子曰："一故神，两故化。"据悬象著明之日月而论，似分两物，不知太阳中一点阴魄，即是真水，太阴中一点阳魂，即是真火。体则日月为易，用则水火互藏，是为阴阳不测之神，故必穷神所自来，乃知化所从出。盖日往则月来，月往则日来，往来不穷者，一而未尝不两，究竟太阳之炁，即藏月中，太阴之精，即藏日中，名为往来；而实无往来者，两而未尝不一也。凡阴阳对待，一往一来，俱谓之化，神则浑然在中，寂然不动，无往无来矣。知化便是数往者顺，穷神便是知来者逆，日月往来，终古不息。若辐之辏毂，轮之转车，一出一入，而分昼夜，一卷一舒，而定晦朔，四时之寒暑推迁，一元之运会升降，总在其中，惟其神不可测，所以化不可穷耳。吾身日光月精，互相滋化，而总归于中宫，不动元神，一能兼两，悉与造化同其功用。

《易》有三百八十四爻，据爻摘符，符谓六十四卦。晦至朔旦，震来受符，当斯之际，天地媾其精，日月相掸持，雄阳播玄施，雌阴化黄包，混沌相交接，权舆树根基，经营养鄞鄂，凝神以成躯，众夫蹈以出，蠕动莫不由。

此节言日月交会，而产一阳也。日月为易，乃造化之本，三百八十四爻，乃周天之用。盖易有六十四卦，除却乾坤坎离四正卦，应炉鼎药物，其余六十卦，得三百六十爻，正应周天度数，不多不少，若合符节。据爻摘符者，六十卦中，每卦必有一主爻值符，如屯卦主爻在初，蒙卦主爻在上之类。据易言之谓之卦，据丹主之谓之符。一月之有晦朔，犹一日之有亥子也。晦朔中间，日月并会，北方虚危之地，阴极阳生，一阳来复，正应震之初爻，故曰："晦至朔旦，震来受符。"当其交会之时，天入地中，月包日内。天入地中，有媾精之象，月包日内，有掸持之象。乾主施精，以玄中真阳下播于地；坤主受化，即以黄中真土顺承而包络之，故曰："雄阳播玄施，雌阴化黄包。"一玄一黄，相为包络，形如鸡子。斯时日月停轮，复返混沌，就此混沌中自相交媾，产出一点真种，丹基从此始立矣。故曰："混沌相交接，权舆树根基。"

坤中既得此一点真种，是为鄞鄂，须要经营保养，不可令其散失，久之渐渐凝聚，元神始成胚胎，震之一阳，乃出而受符矣。故曰：“经营养鄞鄂，凝神以成躯。”夫此一点真种，乃大地众生命根，不特为吾人生身受炁之本，下至蠕动含灵之物，莫不由此一点以生以育，故曰：“众夫蹈以出，蠕动莫不由。”是道也，造化顺之以生物者，吾人当逆之以自生，所谓顺则成人，逆则成丹也。晦朔之交，即是活子时，玄施黄包，即是药产处，经营即是翕聚，鄞鄂即是元神。日往月来，莫非真火符候，要觅先天真种子，须从混沌立根基。

《抱朴子》曰：“雄阳，龙也；雌阴，虎也。播玄施者，龙腾玄天而降雨也。化黄包者，虎入后土而产金也。上天入地，混沌交接之象也。于是权舆而立其根基，经营而养其鄞鄂。其神既凝，其躯自成，凡大而天地、细而蠕动含灵之物，莫不由是而出。惟产此一点于外，乃降本流末，为生生无穷之道；产此一点于内，乃返本还原，长生超脱之道也。”

天符进退章第四

此章言天符进退，乃金丹火候之所取则也。

于是仲尼赞鸿濛，乾坤德洞虚，稽古当元皇，关雎建始初，冠婚炁相纽，元年乃芽滋。

此节特为火候发端也。上章言晦朔之间，一阳受符，特标药产时节，而金丹之火候消息未举其全，到此乃尽泄之。天道之大者莫如五行，人道之大者莫如五经，可以互相发明，而各有其原始焉。《易》为五经之元首；乾坤两卦，为《易》之元首。乾坤两卦，又从太极中剖出，即此太极本体，合之即鸿濛一炁，分之即乾坤两卦。乾坤合德，体涵万化，用彻太虚，于是仲尼赞之曰：“大哉！乾元。至哉！坤元。”岂非阴阳

之始乎！仲尼删《书》断自二《典》，首著稽古之文，稽古当元皇，《书》之始也。删《诗》肇自二《南》，首列《关雎》之章，《关雎》建始初，《诗》之始也。《礼》贵成人冠婚，为生育之始，故曰炁相纽。《春秋》纪年，元年为岁序之始，故曰乃芽滋。此仙翁借世典以喻道法也。鸿濛即虚无一炁，乾为鼎，中藏性根；坤为炉，中藏命蒂。其间日月往来，洞虚之象。元皇喻元始祖炁，关雎喻两物相感，相纽喻二气交并。元年芽滋，则一阳初动而真种生矣。

圣人不虚生，上观显天符，天符有进退，诎伸以应时，故易统天心。复卦建始萌，长子继父体，因母立兆基，消息应钟律，升降据斗枢。

此节正指一阳来复，为作丹之基也。圣人，即作《易》之圣人。不虚生，即论不虚生之意。天符者，日月交会，乃天道自然之符，即上章所云“据爻摘符”是也。在丹道为一进一退之节候，盖自朔而望为进阳火，阳伸阴屈，应从子到巳六时；自望而晦为退阴符，阴伸阳屈，应从午到亥六时。丹道之动静，一屈一伸，亦各有其时。圣人默观元化，知时不可失，每委志虚无以应之。《阴符经》云“观天之道，执天之行”是也。天道以日月交会，故有进退屈伸，丹道亦取日月交会，其进退屈伸莫非易也。而日月为易，实统之于天心，天心是造化，中间主宰即太极也。先天之太极，造天地于无形，后天之太极，运天地于有形。在天正当南北二极之中，在人则当坎离二用之中，一坎一离，合而为易，统于天地正中之心，故曰：“易统天心。”天心无所不统，而见之必于复卦，何也？盖天心之体，本来无动无静，天心之用，却正当一动一静亥子中间。方其静翕之余，日月合璧，璇玑停轮，此心浑然在中，毫无端倪可见。至于虚极静笃，万化归根，忽然无中生有，静极生动，从穷阴中迸出一点真阳，逼露乾元面目，而丹基从此建立矣。所以孔子赞《易》曰："复其见天地之心乎！"邵子诗曰："冬至子之半，天心无改移。"即所谓"复卦建始萌"也。复卦内震外坤，震之一阳，得乾初体，虽受真种于乾父，实赖滋育于坤母，如婴儿始媾成胎，具体而微，尚未出母腹中，故曰："长子继父体，因母立兆基。"一阳既复，自消而息，于六律初应黄钟，一阳初动，自降而升，时斗柄正建元枵，丹士得之，吹吾身之律吕，水火自然调和，斡吾身之斗杓，金木自然归并，岂非"消息应钟律，升降据斗枢"乎！此即上章震来受符之时也。

三日出为爽，震庚受西方；八日兑受丁，上弦平如绳；十五乾体就，盛满甲东方。蟾蜍与兔魄，日月炁双明，蟾蜍视卦节，兔者吐生光。七八道已讫，屈折低下降。十六转受统，巽辛见平明，艮直于丙南，下弦二十三，坤乙三十日，阳路丧其朋，节尽相禅与，继体复生龙。

此节推八卦纳甲，以验金丹火候之进退也。上文所谓一阳之复，在一日为亥子，在一岁为冬至，在一月即为晦朔。欲知一月小周天火候，当取先天八卦纳甲细参之。晦朔之交，日月合符，乾坤未剖，玄黄未分，阳光为阴魄所包，隐藏不见，此吾身归根复命时也。交会既毕，月与日渐渐相离，魄中生魂，至初三日，庚方之上，始露微光，震卦纳庚，进而得一阳，此元性初现，而铅鼎温温矣！故曰："三日出为爽，震庚受西方。"至初八日，阳魂渐长，阴魄渐消，魄中魂半，昏见南方，是为上弦，兑卦纳丁，进而得二阳，此时元性又少现，而光透帘帏矣！故曰："八日兑受丁，上弦平如绳。"至十五日，日月对望，阴魄全消，阳魂盛长，其光圆满，昏见东方，乾纳六甲，进而为纯阳，此时元性透露，而鼎中一点灵光，昼夜长明矣！故曰"十五乾体就，盛满甲东方"。然此月魄，必与日魂合而成其明，实应蟾蜍兔魄两象。蟾蜍以象太阳之精，兔魄以象太阴之光。盖蟾蜍潜伏水底，瞻视非常，时时嘘吸，太阳金精，入于腹中，喻曰魂施精于月，自外而吸入也。凡世间之兔，皆雌而无雄，遥望月中玉兔，即感而有孕。及其产也，又从口吐而生，喻月魄受日之光，自内而吐出也。离己日光，本来主施，坎戊月精，本来主化。日以施德，月以舒光，所以从下弦至朔旦，月出于西方酉位，全体吸取太阳精炁，从上弦到望日，月盈于东方卯位，乃全体发露太阳光明，故曰“蟾蜍与兔魄，日月炁双明”。其所以取象蟾蜍与兔魄者，于蟾蜍正取其瞻视，于兔正取其能吐而生也。盖月光之圆缺，全在视日光以为进退，一阴生于巽，其光渐敛渐退，以至于晦，是为造化入机。一阳生于震，其光渐舒渐进，以至于望，是为造化出机。晦朔之交，日光吸入月魄中，相吞相啖，感而成孕，直待三日出庚，其光吞而复吐，自西转东，自庚转甲，至望日而光明圆满矣！故曰“蟾蜍视卦节，兔者吐生光”。十五既望，阳极于上，盈不久，息者不得不消，升者不得不降，阳火转为阴符，故曰“七八道已讫，屈折低下降”。

十六以后，阳反为宾，阴反为主，阳魂转受统摄于阴魄，魂中生魄，晨见辛方，巽卦纳辛，退而为一阴，此性归于命之始也，故曰“十六转受统，巽辛见平明”。至二十三日，阴魄渐长，阳魂渐消，魂中魄半，是谓下弦，晨见丙方，艮卦纳丙，退而为二阴，此性归于命之半也，故曰：“艮直于西南，下弦二十三。”至三十日，艮之一阳自东北丧在乙方坤地，有东北丧朋之象，一点阳魂全体敛入阴魄中，是为性返为命，而元阳复归于混沌矣，故曰：“坤乙三十日，阳路丧其朋”。然阳无剥尽之理，卦节既尽，消者不得不息，降者不得不升，剥之终即复之始，晦之终即朔之始。震之一阳继体于乾父者，还复兆基于坤母，庚方之上，依然吐而生明，故曰“节尽相禅与，继体复生龙”。

壬癸配甲乙，乾坤括始终。七八数十五，九六亦相当，四者合

三十，阳炁索灭藏。八卦布列曜，运移不失中。

此节结言纳甲之始终也。八卦纳甲，原本先天圆图，最为玄奥。坎以中男纳戊，阴中包阳，月之体也；离以中女纳己，阳中包阴，日之体也。震长男，巽长女，纳庚与辛；艮少男，兑少女，纳丙与丁，其间一阴一阳，各各相匹。乾父独纳甲壬，坤母独纳乙癸，原始要终，首尾关键，包括六子在内，故曰："壬癸配甲乙，乾坤括始终。"六子为少阴少阳，少阳数七，少阴数八，共得十五数。乾坤为老阴老阳，老阳数九，老阴数六，亦得十五数。恰应上下两弦，合成月圆之象，故曰："七八数十五，九六亦相当。"二少二老应乎两弦之气，互为消长，所以自朔讫望，阳长而阴自消；自望讫晦，阴长而阳亦消。当其晦也，阳炁消索，若灭若没，几无余矣。孰知一点元精，深藏洞虚之中，终而复始，循环无端，故曰："四者合三十，阳气索灭藏。"八卦环布，日月合璧而生明，三阳三阴，互为消长，似乎独无坎离爻位，不知周流六虚，升降上下，莫非坎离中炁运移其间，此日月为易，所以统乎天心，而为三阴三阳进退之准则也，故曰："八卦布列曜，运移不失中。"

元精眇难睹，推度效符征，居则观其象，准拟其形容。立表以为范，占候定吉凶，发号顺节令，勿失爻动时。

此节言一动一静之候，应乎天符也。卦爻有动有静，金丹之火候亦然。其时候未到，则当虚以待之。盖坎离会合，中间自有一点元精，即是先天真种，所谓杳兮冥兮，其中有精者也。此物至灵至妙，不可睹闻，难以臆度，惟推纳甲消长之度，以为天符进退之征验而已，故曰："元精眇难睹，推度效符征。"天符进退，本无其形，虚无罔象之中，若存若亡，但当虚心体验，拟诸其形容，而谨候其消息，故曰"居则观其象，准拟其形容"。其时候将到，又当动以应之。盖晦朔中间，阳欲生而未离乎阴，机已动而未离乎静，从静定中候视，须加十分谨密，如历家立表以测日晷，术家占候以定吉凶，不可一毫差错，故曰："立表以为范，占候定吉凶。”此言将动之时也。及乎枢机一发，天人交应，便当加采取之功。若朝廷之大号，以时而发，造化之节令，及时而布，不得一刻迟误，故曰：“发号施节令，勿失爻动时。”时即《阴符经》“食其时”之时，盖指晦朔中间活子时也。若冬至一阳初动，则又属正子时矣。

上观河图文，下察地形流，中稽于人心，参合考三才。动则循卦节，静则因彖辞，乾坤用施行，天地然后治。

此节言一动一静之理，贯乎三才也。上乾下坤，结括终始，乃上天下地之位也。坎离之中炁运移其中，乃中间人位也，即此已全具三才法象。即此一动一静之理，便通彻天地，包括《河》《洛》。《河图》文，即指龙图而言，《河图》之数五十有五，循环无端，圆以象天之动。上观《河图》文，即仰以观于天文也。地形流即指《洛书》而言。《洛书》之位，四正四隅，统于中五，方以象地之静，下察地形流，即俯以察于地理也。人者，天地之心也，天地中间，是为人心，即邵子所谓“一动一静之间，天、地、人之至妙至妙”者也。盖此心非动非静，而又能动能静，参天两地，为造化之枢机，故曰：“中稽于人心，参合考三才。”动以应天，阴阳有进退，必循乎卦爻之节，故曰“动则循卦节”。此即《系辞·传》所谓“动则观其变而玩其占”也，亦即上文发号顺时之意。静以应地，刚柔有表里，不越乎卦爻之辞，故曰“静则因《彖辞》”，此即《系辞·传》所谓“居则观其象而玩其辞”也，亦即上文准拟形容之意。静极而动，真阳动于九天之上，是谓乾元用九，而元神升乎乾鼎矣。动极复静，真阴潜于九地之下，是谓坤元用六，而元炁归乎坤炉矣。元神为性，元炁为命，性成命立，天心端拱于中极，百节万神，无不辐辏皈命，岂非“乾坤用施行，天下然后治”乎！首章云“乾坤者，易之门户”；次章云“天地设位”；此章首揭“乾坤德洞虚”，中言“乾坤括始终”，终之曰“乾坤用施行”，可见彻始彻终，只是乾坤为体，则门户之说益了然矣！首章云“坎离匡廓，运毂正轴”，次章云“坎离者，乾坤二用”，此章先言“日月炁双明”，继言“运移不失中”，末乃揭出二用，可见彻首彻尾，只是坎离为用，则匡廓之义益洞然矣！抱一子曰：“蟾蜍乃金炁之精，故视卦节而渐旺；玉兔乃卯木之魄，故望太阳而吐光。”

此章极其奥衍纳甲妙义，从古《河图》并先天圆图中来，不特为全部《参同契》大关键，亦即羲《易》之精髓也。中间蟾蜍、兔魄两象，尤称奇险绝世。魏公于此，几欲呕出心肝，今而后注者与作者，可相视而笑矣！

君臣御政章第五

此章以君臣御政之得失，喻金丹火候之得失也。

可不慎乎！御政之首，管括微密，开舒布宝，要道魁柄，统化纲纽。爻象内动，吉凶外起。五纬错顺，应时感动，四七乖戾，誃离仰俯。文昌统录，诘责台辅，百官有司，各典所部。

此节以御政喻火候，当戒慎其初基也。火候之要，彻首彻尾，防危虑险，无一刻不宜慎，若人君御政然，而尤当致谨其初基。盖金丹大道，以天心为主，精气为用，正犹人主之统御其臣下也，故曰“御政”。学人入室之初，一阳初动，谓之首，经譬若人君即位之初，更改正朔，谓之元年，上章“元年乃芽滋”即其义也。故仙翁喟然发端曰：“可不慎乎，御政之首！”管括微密者，即静而内守，环匝关闭之意。开舒布宝，即动而应机，发号顺应之意。魁柄，即是斗杓，斗为天之喉舌，斟酌元化，统摄周天，若网之有纲，衣之有纽，是为要道。喻吾身天心，实为万化之纲领，丹道作用，全仗天心斡运，斗柄推迁，故曰“要道魁柄，统化纲纽”。天心既为万化纲纽，动而正则罔不吉，动而邪则罔不凶。

《系辞·传》曰："爻象动乎内，吉凶见乎外。"即其义也。在易为爻象，在天即为星象。天有三垣，紫微垣为北极之所居，最处乎内，太微垣次之，天市垣又次之，由是金、木、水、火、土之五纬，并二十八宿之经星环布于垣外，垣中主星，全系斗柄。凡经纬诸星，或顺或逆，无不听命斗杓，斗杓顺动，则五纬经星罔不循其常度；斗杓一有不顺，则环布之五纬一切逆而不顺。应时感动，立见咎征，周天经星，亦皆一切乖戾，失其常度，而至于諺离俯仰矣。此喻人之天君妄动，则五官错谬，百脉沸驰，所谓毫发差殊，不作丹者也。

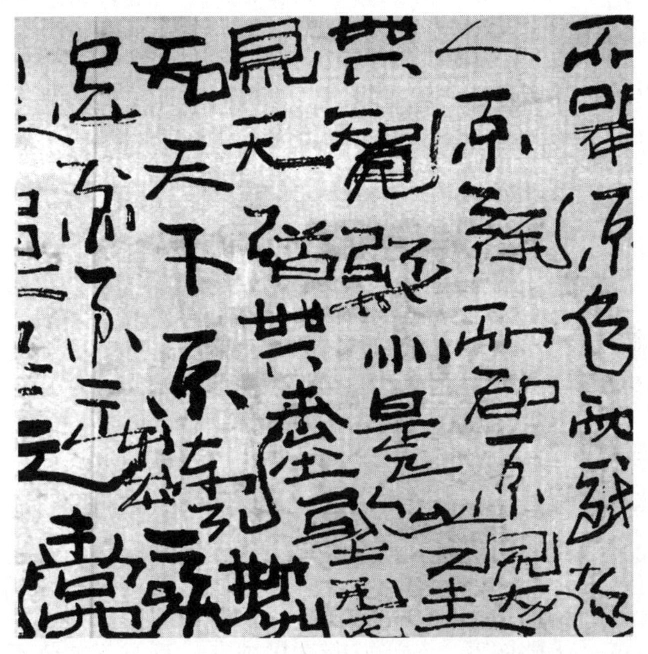

大象乖变失常，不可责之众星，人君御政失宜，亦不可责之百官。有司各有主者，孰为主者？在天则文昌台辅。文昌即紫微垣，中戴筐六星，号南极统星，录人长生之籍。台辅即垣中三台、四辅尊星，三台以应三才，四辅以应四象，各居其方，环拱北极。天之有文昌，犹人君之有六部也；天之有台辅，犹人君之有相臣也。相臣夹辅帝王，燮理阴阳，六部从而奉行之，则百官有司，不待诘责，自然各典所部矣。譬若作丹之时，心君处中以制外，魁罡坐镇，斗杓斡旋，一水一火，调燮得宜，自然六根大定，百脉冲和，而无奔蹶放驰之失矣。

原始要终，存亡之绪。或君骄佚，亢满违道，或臣邪佞，行不顺轨。弦望盈缩，乖变凶咎，执法刺讥，诘过贻主。辰极处正，优游任下，明堂布政，国无害道。

此节言火候之要存乎君主，当慎终如始也。火候之一动一静，彻始彻终，宜乎无所不慎，亦犹人君御政，一动一静；自始至终，宜无所不慎。慎则转亡为存，不慎则转存为亡，存亡之绪，从此分矣。此一大事，君臣各有其责，而主之者惟君。盖臣之听命于君，犹气之听命于志也。心君翼翼，能持其志，则奸声邪色，自不得而干之。若心君骄亢自用，违其常道，则耳目之官，亦以邪佞应之，行事不循轨则矣。天心之与人心，同出一原，天心稍或不顺，则天行立刻反常，不特五纬错谬，经星乖戾已也。即如太阴之晦朔弦望，本有常度，今者当盈反缩，当缩反盈，薄蚀掩冒，凶咎不可胜言矣。天有执法之星，主刺讥过失，即太微垣中左执法、右执法也。朝廷象之，故立为左右执法之臣，亦主刺讥过失。然违道之过，不在百官有司，而在台辅；并不在台辅，而在君主自身。此万化从心，反本穷源之论也，故曰“执法刺讥，诘过贻主”。主心得失，只在一反覆间。盖惟皇建极，惟民归极，心君能寂然不动，无为以守至正，百体自然从令，有如北辰居所，而众星自然拱之，故曰：“辰极处正，优游任下。”心君既端拱神室，百节万神莫不肃然，犹王者坐明堂以朝诸侯，四海九洲莫不率服，宁复有出而梗化害道者？故曰：“明堂布政，国无害道。”辰极在天象为紫微垣，即北极所居，在人君为深宫内寝晏息之所也。明堂在天象为天市垣，及帝星所临，在人君为朝会之所，通道于八夷八蛮者也。心君所处，内有洞房，外有明堂，上应天垣，下同朝宁，故取御政之象。

此章即治道以明丹道，最为了然。丹道彻始彻终，不出天心运用，故君喻天心，臣喻药物，文昌台辅喻三田四象，执法之臣喻耳目之官，百官有司喻周身精气。吉者，受炁吉也；凶者，防炁凶也。存，喻片时得药；亡，喻顷刻丧失。所贵乎御政者，必须外却群邪，内辅真主，心君端拱于辰极，万化归命于明堂，岂非还真之要道乎！

此篇首章言乾坤门户，明乾坤之为体。次章言坎离二用，明坎离之为用。三章言晦朔合符，而产药物。四章言天符进退，而行火候，皆御政之象也。然而御政之义，不可不明，在天象以辰极统御周天列宿，在朝廷以人主统御百官有司，在丹道则以心君统御周身精炁，乃御政之义也，故以此篇总结之。

中　卷

（中卷言养性，共计三章，乃上篇之中也。）

此卷专言养性，而御政、伏食已寓其中。盖先天祖性，寂然不动，感而遂通，不出中黄，为万化之主宰。举性则命在其中，举养性则元精、元炁并归元神之中矣。知而养之，方契黄帝老子虚无自然大道，故末篇又称黄老养性。

炼己立基章第六

此章言炼己立基在乎得一，乃养性之初功也。

内以养己，安静虚无，原本隐明，内照形躯。闭塞其兑，筑固灵株，三光陆沉，温养子珠。视之不见，近而易求。

此节言炼己之初基也。御政诸章，但敷陈乾坤坎离造化法象，到此方直指炼己工夫，示人以入手处。吕祖云：“七返还丹在人，先须炼己待时。”张紫阳云：“若要修成九转，先须炼己持心。”炼己，即养己也。己，即离中己土，为性根之所寄。只因先天底乾性转作后天之离，元神翻作识神，心中阴气刻刻流转，易失而难持，不得坎中先天至阳之炁，无以制之。然先天一炁从虚无中来，若非致虚守静之功，安得穷源反本哉！故曰“内以养己，安静虚无”。生身受炁之初，本来一点灵明人人具足，只因后天用事，根寄于尘，尘转为识，日逐向外驰求，未免背觉合尘，认奴作主，故必须时刻收视返听，一点灵明自然隐而不露，深藏若虚，从此默默内照，方知四大假合之躯，总归幻泡，当下便得解脱矣！故曰：“原本隐明，内照形躯。”兑为口，系一身出入之门户，凡元气漏泄处悉谓之兑，而总持于方寸之窍。《黄庭经》云“方寸之中谨盖藏”，即闭塞之意也。即此方寸中间有一点至灵之物，为生生化化之根株，故曰灵株筑固者，不漏不摇也。三光，在天为日、月、斗，在人离以应日，坎以应月，天心在中，以应斗枢。一坎一离，南北会合，反闻内照，真人潜于深渊，塞兑固守，元珠得于罔象，如此则天心寂然不动，而炼己之功就矣！故曰：“三光陆沉，温养子珠。”然本来一点灵光，倏有倏无，非近非远，只在目前，人却不识，索之身内不得，索之身外又不得，故曰：“视之不见，近而易求。”

黄中渐通理，润泽达肌肤，初正则终修，干立未可持，一者以掩蔽，世人莫知之。

此节言炼己之功在乎得一也。《度人经》云：“中理五炁，混合百神，可见中黄。”丹扃为万化统会之地，譬若北辰居所，众星自拱。学道之士，从此温养子珠，勿忘勿助，久之神明自生，渐渐四通八达，身中九窍百脉，三百六十骨节，八万四千毛孔，一齐穿透，自然光润和泽，感而毕通，即《易》所云“美在其中，而畅于四肢”也。故曰“黄中渐通理，润泽达肌肤”。丹道有初有终，有本有末。初者炼己下手之功，终者入室了手之事。初如木之有干本也，终如木之有标末也。然须知最初下手一步，便是末后了手一步，所谓但得本，莫愁末也。初基一步，便踏着正路，从此循序渐进，修持之功自然节节相应，原始可以要终，即本可以该末矣。故曰“初正则终修，干立末可持。”然则孰为初？孰为本？要在一者而已。未生以前，惟得一则成人；有生以后，能抱一即成丹。盖一生二，二生三，三生万物，顺去生人生物者，此一也；而三返二，二返一，一返虚无，逆来成圣成仙者，亦此一也。《太上》云：“得其一，万事毕。”又曰：“谷神不死，是谓玄牝。”谷神至虚而至灵，其妙生生不已，从生生不已处分出玄牝，其体则一，其用则两，秘在掩蔽二字。掩者，掩其玄门；蔽者，蔽其牝户。若非一者在中，岂能掩蔽？然非掩蔽于外，亦不成其为一。此中窍妙，非得真师指授，纵饶慧过颜、闵，莫能强猜，况世间凡夫乎！故曰：“一者以掩蔽，世人莫知之。”所云黄中，是指出祖窍之中；所云一者，是指出祖窍之一。知中则知窍，知一则知窍中之妙，知窍中之妙，便知本来祖性，便知守中抱一，是养性第一步工夫。

两窍互用章第七

此章直指坎离两窍之用，为金丹关键也。

上德无为，不以察求；下德为之，其用不休。上闭则称有，下闭则称无，无者以奉上，上有神明居。此两孔穴法，金炁亦相胥。

此节指两窍之妙用也。大道非一不神，非两不化。上章云“一者以掩蔽”，既明示人以得一矣。然而掩蔽之妙，其体则存乎一，其用不离乎两。盖金丹妙用，只在后天坎离，坎离妙用，不出先天乾坤，究竟只是性命二字。性者，先天一点灵光，真空之体也。其体圆成周遍，不减不增，在天为资始之乾元，在人便是父母未生前本来面目，故名上德。

此中本无一物，灵光独耀，迥脱尘根。若从意根下卜度推求，便失之万里。盖性本天然，莫容拟议，直是觅即不得，故曰："上德无为，不以察求。"命者，先天一点祖炁妙有之用也，其用枢纽三才，括囊万化，在天为资生之坤元，在人便是"团"地一声时立命之根，故名下德。其中元炁周流，潜天潜地，变现无方。若向一色边沉空守寂，便堕在毒海。盖命属有作，不落顽空，一息不运即死，故曰："下德为之，其用不休。"上闭则称有者，坤入乾而成离也。先天之乾，本是上德，只因坤中一阴，上升乾家，阳炁从外而闭之，所谓至阴肃肃，出乎天者也。乾中得此一阴，性转为命，感而遂通，遂成有为之下德矣。人但知离体中虚，便认做真空，不知这一点虚处，正是真空中妙有，唤作无中有。下闭则称无者，乾入坤而成坎也。先天之坤，本是下德，只因乾中一阳下降坤家，阴炁亦从外而闭之，所谓至阳赫赫，发乎地者也。坤中得此一阳，命转为性，寂然不动，依然无为之上德矣。人但知坎体中实，便认做妙用，不知这一点实处，正是妙有中真空，唤作有中无。坤中既受乾炁，还以此点真阳上归于乾，是谓反本还原，归根复命。自是先天神室中，产出一点鄞鄂，是为万劫不坏之元神，故曰："无者以奉上，上有神明居。"神明之妙固，全在中黄正位，然非坎中真金之精上升，离中真水之炁下降，有无互入，两者交通，咸和神明，亦何自而生耶？故曰："此两孔穴法，金炁亦相胥。"两孔穴，即坎离两用之窍妙，所谓玄牝之门，世莫知者也。

知白守黑，神明自来。白者金精，黑者水基，水者道枢，其数名一。阴阳之始，玄含黄芽，五金之主，北方河车。故铅外黑，内怀金华，被褐怀玉，外为狂夫。

此章直指水中之金为先天丹母也。承上言所谓神明者，亦非自然而来，须有一段作用，其作用全在知白守黑。知白守黑者，白即坎中真金，黑即离中真水，人能洞彻真空，静存妙有，一点神明自然从虚无中生出，《心印经》所谓“存无守有，顷刻而成”也。只此便是金丹，便是后天返先天处，故曰：“知白守黑，神明自来。”魏公又恐人不识金丹原本，故重提之曰：“白者金精，黑者水基。”言此白者，非有形之金，乃空劫中虚无元性也。元性本纯白无染，便是未生以前乾元面目，即所云上德也。白者岂非金之精乎！此黑者，非行地之水，乃虚无中所生之一炁也。一炁本鸿濛未分，便是“囝”地一声以后坤元根基，即所云下德也，黑者岂非水之基乎！先天金性，即浑成大道，尚无一之可名及乎！道既生一，露出端倪，便称天一之水，是为道之枢机，而金性藏于其中矣，故曰：“水者道枢，其数名一。”最初一点真水，中藏真金，为元炁生生之根本，故曰：“阴阳之始，玄含黄芽。”黄芽者，取水中藏金之象，指先天一炁而言也。先天一炁，正是乾家金精，能总持万化，为后天五行生成之真宰，而深藏北极太渊之中，故曰：“五金之主，北方河车。”五金者，借外炼银、铅、砂、汞、土，以喻身中五行之精。即此一物，以其外之纯黑也，故象铅。以其黑中含白也，故又有金华之象。譬若有人外被褐而内怀玉，外若狂夫，中藏圣哲，岂非神明不测者乎？此言真铅之别于凡铅也。苟能知白守黑，则神明自来矣！金丹妙用，只在水

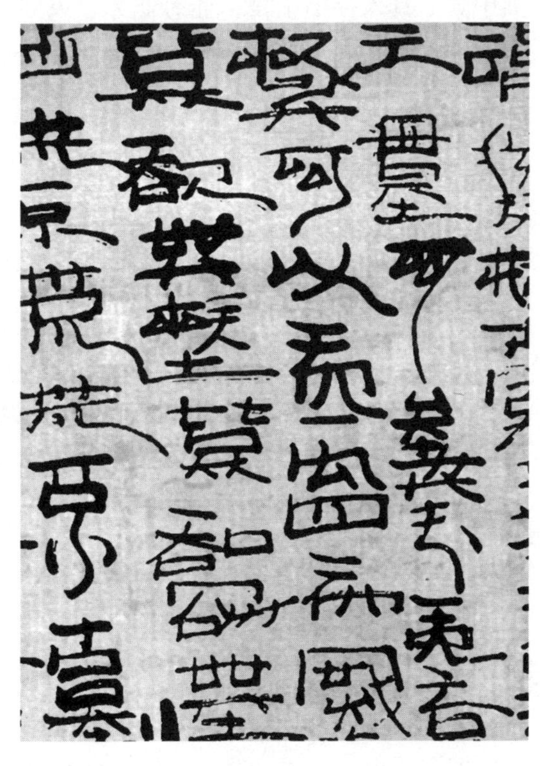

中之金，此段特显其法象。《入药镜》云“水乡铅，只一味”，《悟真篇》云“黑中有白为丹母”，此之谓也。

金为水母，母隐子胎；水者金子，子藏母胞。真人至妙，若有若无，仿佛太渊，乍沉乍浮，退而分布，各守境隅。采之类白，造之则朱，炼为表卫，白里真居。

此节重指金水两窍之用，并两而归一也。上节合言水中金，此又分言金水两体。金精本能生水，水之母也，乾中真金隐在坤水包络中，故曰“母隐子胎”，即上文所云“下闭则称无”也。水本金之所生，金之子也，坤中真水藏在乾金匡廓内，故曰“子藏母胞”，即上文所云“上闭则称有”也。金水互用，便是两弦之炁，两畔同升合为一，而真人出其中矣。真人存于中宫，非有非无，灵妙不测，故曰：“真人至妙，若有若无。”仿佛太渊者，真人潜深渊也。乍沉乍浮者，浮游守规中也。金水交会之际，同在中央，及既交而退，真人处中，两者依旧分布上下，一南一北，各守境隅矣。其初采取北方坎中之金，本来一片纯白，及至煅以南方离中真火，然后赫赫发光，岂非“采之类白，造之则朱”乎！然此一点真种，非有非无，本质极其微妙，须赖中黄坤母环卫而乳哺之，方得安居神室，不动不摇，故曰：“炼为表卫，白里真居。”此段言并两归一，乃药物入炉之象，即上所云“无者以奉上，上有神明居”也。

方圆径寸，混而相拘，先天地生，巍巍尊高。旁有垣阙，状似蓬壶，环匝关闭，四通踟蹰。守御密固，遏绝奸邪，曲阁相连，以戒不虞。可以无思，难以愁劳。神炁满室，莫之能留，守之者昌，失之者亡。动静休息，常与人俱。

此节特显炉鼎法象，而火候即在其中。中黄神室之中，不过径寸，圆以象天，方以象地，中有真人居之，混混沌沌，形如鸡子。《黄庭经》云“方圆一寸处此中”是也。故曰：“方圆径寸，混而相拘。”径寸之地，即玄关也。玄关一窍，大包六合，细入微尘，未有天地，先有此窍，号为天中之天，内藏元始祖炁，岂非“先天地生，巍巍尊高者”乎。此窍当天地正中，左右分两仪，上下定三才，左通元门，右达牝户，上透天关，下透地轴，八面玲珑，有如蓬岛方壶之象，岂非“旁有垣阙，状似蓬壶”者乎！环匝关闭，四通踟蹰者，深根固蒂，牢镇八门，令内者不出也。守御密固，遏绝奸邪者，收视返听，屏除一切，令外者不入也。灵窍相通，本无隔碍，必防危虑险，故曰：“曲阁相连，以戒不虞。”定中回光，本无间断，又必优游自然，故曰：“可以无思，难以愁劳。”神室中元始祖炁，人人具足，本来洋溢充满，但人自不能久留耳，故曰：“神炁满室，莫之能留。”真人既安处神室，必须时时相顾，刻刻相守。若一刻不守，便恐致亡失之患，故曰：“守之者昌，失之者亡。”惟是一动一静，不敢自由，直与神室中真人呼吸相应，彼动则与之俱动，彼静则与之俱静，彼休息则与之俱休息，勿助勿忘，绵绵若存，火候才得圆足，故曰：“动静休息，常与人俱。”

此段言炉鼎之象，而兼温养之功，即上文所云“金炁相胥”之作用也。此章首揭出有无两用之窍是真炉鼎，次别金水二炁之用是真药物，末了更示人以温养防护之功是真火候，金丹关键，已全具此中，不可忽过。

明辨邪正章第八

此章历指旁门之谬，以分别邪正也。欲知大道之是，当先究旁门之非，旁门种种邪谬，不可枚举，故约略而计之。

是非历脏法，内观有所思。

此内观五脏，着于存想之旁门。

履罡步斗宿，六甲次日辰。

此履罡步斗，泥于符术之旁门。

阴道厌九一，浊乱弄元胞。

此九浅一深，采阴补阳之旁门。

食气鸣肠胃，吐正吸外邪。

此吞服外气，吐故纳新之旁门。

昼夜不卧寐，晦朔未尝休。

此搬精运气，长坐不卧之旁门。

身体日疲倦，恍惚状若痴；百脉鼎沸驰，不得清澄居。

以上五种旁门，俱是求之身内者，种种捏怪，勉强行持。究其流弊，至于身体疲倦，精神恍惚，周身之百脉势必奔逸散驰，而无一刻清宁澄湛之时。求之身内者，其恶验如此。

累土立坛宇，朝暮敬祭祀，鬼物见形象，梦寐感慨之。

此祭炼鬼物，入梦现形之旁门。

心欢意喜悦，自谓必延期，遽以夭命死，腐露其形骸

以上一种旁门是求之身外者，初时朝暮祭祀，妄冀鬼物救助，益算延年，不知反为鬼物所凭，流入阴魔邪术。既而或遭魔难，或遘奇疾，本欲长生，反夭厥命，腐露形骸，为世俗之所耻笑矣。求之身外者，其恶验又如此。

章首“是非”二字直贯到底，言金丹大道全在养性，非是此等旁门可得而混入也。养性工夫，即在前两章中，旁门反之，故招种种恶验。

举措辄有违，悖逆失枢机。诸术甚众多，千条有万余，前却违黄老，曲折戾九都。明者省厥旨，旷然知所由。

此段结言旁门之背道也。金丹大道，莫过养性，原本黄帝、老子虚无自然宗旨，故《阴符》《道德》两经直指尽性至命最上一乘。法门与三圣作《易》，同一枢机。世人不悟，往往流入旁门，动辄千差万别，悖逆之极，全失其枢机矣。

以上所列五六种，或求之身内，或求之身外，只是略举一隅，引而伸之，千条万绪，可以类推。大约非黄老复命归根之功，即非黄老九宫洞房之奥，此辈甘堕旁蹊，如却行求前，徒费曲折耳。明眼之士，亟发信心，参礼真师，穷取性命根源本来面目，倘能于片言之下，洞彻宗旨，方知本来一条平坦道路，人人可得而由，再加向上工夫，勤行伏炼，庶乎脱旁蹊而超彼岸矣！

下　卷

（下卷言伏食，共计七章，乃上篇之下也。）

此章专言伏食，而御政养性已寓其中。前面御政诸章，但陈一阴一阳法象；养性诸章，但指一性一命本体，至于阴阳之配合，性命之交并，别有妙用存焉。此伏食之功，所以为金丹最要关键也。伏者，取两物相制为用；食者，取两物相并为一。盖假铅汞凡药巧喻性命真种，借鼎炉外象旁通身心化机，以有形显无形，乃是伏食宗旨，究非烧茅弄火一切旁门可得而假借也。药在炉中，须用真火煅炼，故末篇又云炉火之事。

两弦合体章第九

此章直指金水两弦之炁，先分后合，示人以真药物也。

火记不虚作，演易以明之，偃月法炉鼎，白虎为熬枢，汞日为流珠，青龙与之俱，举东以合西，魂魄自相拘。

此节指两弦真炁，为金丹之用也。前养性章中，俱说虚无自然大道，尚不及龙虎铅汞诸异名，到此方说临炉作用。要紧全在金水两物，曰炉鼎，曰铅汞，曰龙虎，曰上下两弦，种种曲譬，皆是物也。世传古丹经有《火记》六百篇，魏公仿之，作《参同契》，其实非也。《火记》本无其文，即在先天羲易中。盖日月为易，不过一阴一阳，体属乾坤，用寄坎离，一切异名，皆从此演出。于乾坤寓炉鼎法象，于坎离寓药物法象，其余六十卦、三百六十爻，即寓火候法象。一日两卦，一月之候，正应周天三百六十度数。又以一月配一年，便成《火记》六百篇。究竟只是日月为易，一阴一阳而已，故曰："《火记》不虚作，演易以明之。"坎为太阴真水，本是月精，然必受符于日，晦朔交会之间，阴极转阳，魄中生魂，一阳实生于朔，火力尚微，到初三日没时，庚方之上，一阳初动而为震，一钩偃仰，成偃月之象，坎水中产出金精，所谓虎向水中生也。金伏炉中必须煅之乃出，是为上弦兑体，故曰："偃月法炉鼎，白虎为熬枢。"此举炉鼎以包药物也。离为太阳真火，本是日光，然必合体于月，日月对望之际，阳极转阴，魂中生魄，一阴实生于望，水炁尚藏，到十六日平明时，辛方之上，一阴初降而为巽，盛满欲流，有流珠之象，离火中生出木液，所谓龙从火里出也。木性顺金，恒欲流而就下，是谓下弦艮体，故曰："汞日为流珠，青龙与之俱。"此举药物以该炉鼎也。于是驱东方之龙，以就西方之虎，流珠与金华，情性既已相投，地魄与天魂，金木自然相制，故曰："举东以合西，魂魄自相拘。"此言两窍互用，金炁相胥之妙，假两弦法象，以发明之也。

上弦兑数八，下弦艮亦八，两弦合其精，乾坤体乃成，二八应一斤，易道正不倾。

此节言两弦之炁合而成丹也。自震庚一点偃月进至一阳，便属上弦之兑，其卦气纳丁，此时水中胎金，魄中魂半，所谓上弦金半斤也；如颠倒取之，亦可云水半斤，故曰："上弦兑数八。"自巽辛一点流珠，退到二阴，便属下弦之艮，其卦气纳丙，此时金中胎水，魂中魄半，所谓下弦水半斤也；如颠倒取之，亦可云金半斤，故曰："下弦艮亦八。"前取两物相制，故云金木，此又取一体相生，故云金水，其用一也。兑体本属纯乾，因上爻易坤一阴，遂成少女；艮体本属纯坤，因上爻易乾一阳，遂成少男。今者两畔同升，合而为一，纯金还乾性，处内而立鄞鄂，纯水还坤命，处外而作胞胎，一粒金丹产在中黄土釜，岂非"两弦合其精，乾坤体乃成”乎？须知两弦之时，即具全体，到得全体之时，却不见有两弦。全体之合，得诸自然，两弦之分，别有妙用，所谓月之圆存乎口诀也。夫两弦既合，铅止半斤，汞惟八两，正应金丹一斤之数。乾坤之全体，从艮兑之分体而成也，艮兑之分体，又从坎离之中体而出也。坎离之体，不过一日一月，前所云日月为易者，到此适得其平而无倾昃之患矣。故曰：“二八应一斤，易道正不倾。”即后天两弦之用，以还先天乾金之体，方是金丹作用，正所云演易以明之者。此伏食之第一义也。

金返归性章第十

金入于猛火，色不夺精光。自开辟以来，日月不亏明，金不失其重，日月形如常。金本从月生，朔旦受日符，金返归其母，月晦日相包，隐藏其匡廓，沉沦于洞虚，金复其故性，威光鼎乃熺。

此章直指先天金性为丹道之基也。上章并举金水两弦，犹属对法，此则并两归一，直提金性根源，令学道者知有归宿处。且如世间真金入猛火中，煅炼一番，精光自然倍增，罔有夺其色者。凡金倘然。矧此，本来金性原属乾元，先天地生，万劫不坏，有能夺其精光者乎？故曰：“金入于猛火，色不夺精光。”当其混濛初剖，地辟天开，乾中一阳既破而为离，坤中一阴遂实而为坎。坎属太阴，其精为金，离属太阳，其光为火，坎中真金煅以离中真火，精光自然团结不散，所以日月合体，而亘古亘今，光明不息，故曰：“自开辟以来，日月不亏明。”世间真金入猛火中煅炼数过，分量终不增减纤毫，况本来金性，无欠无余，由他在乾坤大冶中，千变万化，分量断然不增不减矣！所以自有日月以来，升沉出没，不知几经薄蚀，而圆明之体，万古常存者，惟金性不毁故也。故曰：“金不失其重，日月形如常。”金之精光本一，而日月分受之，日得其光，常主外施，月得其精，常主内藏。究竟日月原非二体，精光亦非二物，坎中金精虽若寄体于月，实则受胎于日，人但见初三之夕，一点阳光倏从庚方出现，似乎金从月生，不知这点光明，元从太阳中来。只因晦朔之交，日月合壁，日魂返照月魄，感而有孕，至于朔旦一阳初动，月魄乃溯日魂而生明，震来受符矣。故曰："金本从月生，朔旦受日符。"盖坎中金精，原从乾金中分来，故以乾为父；又从坤土中产出，故以坤为母。月当晦时，与日媾精，两相掸持，日在上，月居下，日精入在月中，尽为太阴所收；月光包在日内，尽为太阳所摄，光尽体伏，纯黑无光，乃坎金返归坤土之象，故曰："金返归其母，月晦日相包。"当金返归母之时，月既为日所包，阳光遂隐匿潜伏，深藏于北方虚危之地，一点金精沉在北极太渊空洞虚无之中。在造化为日月合璧，璇玑停轮，在吾身为神归炁穴，大药入炉之时也。故曰："隐藏其匡郭，沉沦于洞虚。"未几而阴极阳生，金性来复，庚方之上，一阳复萌，在造化为哉生明，在吾身为大药将产，出坤炉而上升乾鼎，坎中真金到此才得返本还源，复其乾父之性，赫然成丹，而光明洞澈太虚矣！岂非"金复其故性，威光鼎乃熺"乎？

此章直指金性为造化之根，生身之本。造化之奥，全在《河图》，水为五行开先，故天一即生水，沿而下之，水生木，木生火，火生土，到土方才生金，金独处其最后，而全五行之气，是造化以金为要终也。土为五行殿后，故天五才生土，溯而上之，生土者火，生火者木，生木者水，水却从金而生，金复处其最先，而辟五行之源，是造化又以金为原始也。此终则有始之妙也。金在吾身即属先天祖性，父母未生以前，此性圆同太虚，迨媾精以后，地、水、火、风，四大假合，而成幻躯，太虚中一点真性落于其中，方能立命，是吾身以金为原始也。及乎四大假合之躯，终归变灭，而此金性独不与之俱变，万劫长存，是吾身又以金为要终也。此无终无始之妙也。昔羲皇作《易》，剖开太极，劈破天

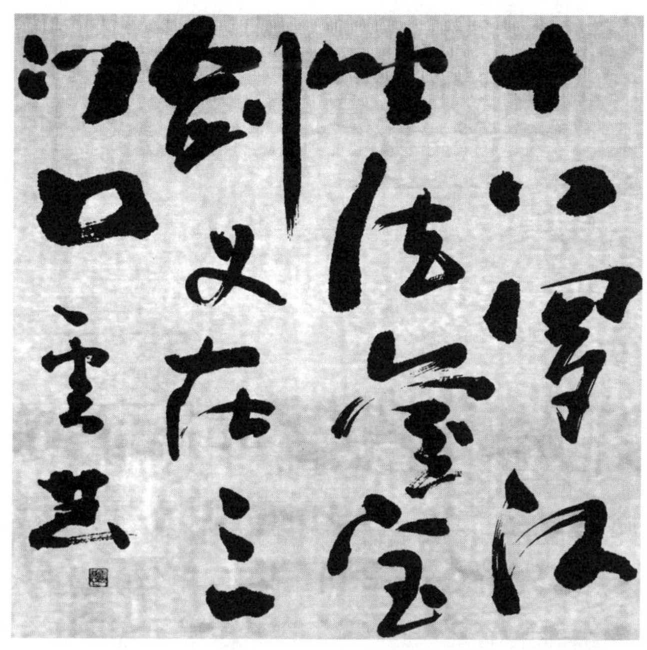

心，最初落下一点，便成乾卦。乾为天，而孔子《翼》之曰："万物资始。"乾为金，而孔子《翼》之曰："纯粹以精。"此万世尽性至命之准则也。释迦得此，以证丈六之身，故尊之曰金仙。元始得此，以结一黍之珠，故宝之曰金丹。三教根源同一金性，此外即堕旁蹊曲径矣！此学道者所当细参也。

从金性二字，参出三教圣人立地处，可谓泄尽天机，即此见《参同》一书，无人不当读，无时不当读矣！

真土造化章第十一

此章专揭二土之用，造化成丹，示人以归根之要也。

子午数合三，戊己号称五，三五既和谐，八石正纲纪。呼吸相含育，伫息为夫妇。

此节言水火二用，必归于中土也。盖丹道妙用，无过水火，水火妙用，不离戊己。大约举一即兼两，举两即兼三，会三乃归一，故水火既济，其功用全赖中央真土。水属北方正子，在吾身为坎戊月精，天一所生，其数得一；火属南方正午，在吾身为离己日光，地二所生，其数得二。两者一合，便成三数。坎中有戊，是为阳土，离中有己，是为阴土，在吾身为中黄真意土，本天五所生，独得五数，故曰："子午数合三，戊己号称五。"合之而三性具矣！水火异性，各不相入，惟赖中央土德，多方调燮，方得相济为用。由是水一火二，得中央之土列为四象，重为八卦。四正四隅，分布环拱，便成八石之象，岂非"三五既和谐，八石正纲纪"乎？外炼之术，以五金配五行，以八石配八卦，丹头一到，五金八石皆点化而成真金。故仙翁假外象以喻内功，切不可泥相执文。水火既已相济，其中一阖一辟，便有呼吸往来，呼至于根，吸至于蒂，总赖中宫真土含藏而停育之。此呼吸非口鼻之气，乃真息也。真息往来，初无间断，自相阖辟于中土，不啻夫妇之相配偶，乃真胎也。中宫之真胎不动，而一水一火自然呼吸其中，犹太虚之真胎不动，而一日一月自然呼吸其中，岂非"呼吸相含育，伫息为夫妇"乎？此段直指真意为金丹之母。《南华经》云："真人之息以踵。"《心印经》云："呼吸育清。"《黄庭经》云："后有密户前生门，出日入月呼吸存。"皆言真息也。此处指北方正子为水，南方正午为火。以本体而言，后面指离中流珠为水，坎中金精为火，又以颠倒互用而言矣！

黄土金之父，流珠水之子。水以土为鬼，土镇水不起，朱雀为火精，执平调胜负，水盛火消灭，俱死归厚土，三性既合会，本性共宗祖。

此节言真土妙用，能使三家归一也。戊己二土，分属水火，水火之中，便藏金木，终始不离于土。盖生身受气之初，即有中黄真土，为金精之所自出，此金本是乾家祖性，中宫不动元神，只因乾金一破，流入坤中，实而为坎，坎中金精，便属戊土，即所谓金华也。惟坎中真金从乾父而生，故曰："黄土金之父。"乾之一阳既入坎中，中间换入一阴，破而为离，正是坤宫真水，化出离中木液，便属己土，即所谓"太阳流珠"也。惟离中流珠，从坤母而出，故曰："流珠水之子。"此言三性之顺而相生者也。坎中金精，是为太阳真火；离中木液，是为太阴真水。离中阴水易至泛滥，来克坎中阳火，坎中之火，乃生中央真土以制之，故曰："水以土为鬼，土镇水不起。"离中之水能克坎中真火，中央之土能制离中真水，而坎中之火又能生中央真土，所以水火相克，两下交战，全赖中央真土调停火候，不使两家偏胜，庶几各得其平，故曰："朱雀为火精，执平调胜负。"朱雀是火候之火，不可偏属两家，所以特称火精。火盛而有炎上之患，赖真水以消灭之；水盛而有泛溢之虞，又赖真土以镇伏之。火性一死，永不复燃，水性一死，永不复流，俱销归于真土之中。故曰："水盛火消灭，俱死归厚土。"此言三家之逆而相克者也。三家顺而相生，须从中宫之土生起，三家逆而相克，亦从中宫之土克起。所以丹道作用，全在真意。念头起处，系人生死之根，顺之则流转不穷，逆之则轮回顿息，于此起手，即于此归根，不可不知。离中真水称一性，坎中真火称一性，中央真土独称一性，方其未归之前，强分三性，既归之后，方知三性本来只是一性。最初太极，函三浑然天地之心，不可剖析，因混沌一剖，水火遂分，上下两弦并中土而成三家，此由合而分也。复来两弦之炁，由分而合，戊己二土销归中央，依然一个宗祖。张紫阳所谓"追二炁于黄道，会三性于元宫"是也。故曰："三性既会合，本性共宗祖。"初云夫妇，以两性相配而言也；继云父子，言两性之所自出也。究云宗祖，乃并为一性矣。夫妇喻坎离，父母喻乾坤，是为两仪四象。宗祖喻中央祖土，便是返太极处。归根复命之妙，于此可见。

巨胜尚延年，还丹可入口，金性不败朽，故为万物宝，术士伏食之，寿命得长久。土游于四季，守界定规矩，金砂入五内，雾散若风雨，熏

蒸达四肢，颜色悦泽好，发白皆变黑，齿落还旧所，老翁复丁壮，耆妪成姹女，改形免世厄，号之曰真人。

此节言伏食之神验也。三性会合，便成金丹，吞入口中，便称伏食，迥非旁门服食之术也。世间药草如巨胜之类，尚可延年益算，况金性坚刚，万劫不朽，岂不为万物中至宝？道术之士，倘能伏此先天一炁，寿命有不长久者乎？戊己二土，本无定位，周流四季，在东则为辰土，在南则为未土，在西则为戌土，在北则为丑土。木、火、金、水，无非土之疆界，作丹之时，赖此土以立中宫之基；伏丹之时，仍赖此土以定四方之界，故曰："土游于四季，守界定规矩。"金砂，即还丹也。盖两物所结就者，入五内即是入口，盖指方寸而言，非服食之邪说也。"雾散若风雨"以下，俱是伏丹后自然之验。丹既吞入口中，灵变不测，周身八万四千毛孔，若云腾雾散，风雨暴至之状，四肢自然熏蒸，颜色自然悦泽，发白还黑，齿落转生，老翁复成壮男，老妪变成姹女，劫运所不能制，造物所不能厄，任他沧海成田，由我消遥自在，号之曰真人，不亦宜乎？

同类相从章第十二

此章言同类相从，方称伏食；而外炼者，失其真也。

胡粉投火中，色坏还为铅，冰雪得温汤，解释成太玄。金以砂为主，禀和于水银，变化由其真，终始自相因。

此节正言水火同类，相变化而成丹也。何为同类？人但知坎为水，不知坎中一阳，本从乾家来，正是太阳真火，阳与阳为同类，故坎中真火恒欲炎上以还乾。人但知离为火，不知离中一阴，本从坤宫来，正是太阴真水，阴与阴同类，故离中真水恒欲就下以还坤。此即大易。水流湿，火就燥，本乎天者，亲上；本乎地者，亲下，各从其类之义也。魏公先以世间法喻之，如胡粉本是黑铅烧就，一见火则当下还复为铅；冰雪本是寒水结成，一见汤则立刻解释成水。可见火还归火，水还归水，本性断不可违矣！炼金丹者，只取一味水中之金，水中之金即命蒂也，本来原出于乾性，自乾破为离，离为性根，中有真阴，得南方火炁，砂之象也。学人欲了命宗，必须以性为主，故曰："金以砂为主。"而此离中砂性，得火则飞，未易降伏，仍赖北方水中之金以制之，学人欲了性宗，又必须以命为基，故曰："禀和于水银。"要知砂与水银，原是一体，同出而异名者也，其初原从一体变化而成两物，其究还须从两物变化而归一体，只此真阴真阳，同类交感，相因为用而已。故曰："变化由其真，终始自相因。"变化之法，不过流戊就己，颠倒主宾，使后天坎离还复先天乾坤耳！张紫阳云："阴阳得类方交感，二八相当自合亲。"此之谓也。

欲作伏食仙，宜以同类者，植禾当以谷，覆鸡用其卵，以类辅自然，物成易陶冶。鱼目岂为珠，蓬蒿不成檟，类同者相从，事乖不成宝。燕雀不生凤，狐兔不乳马，水流不炎上，火动不润下。

此节旁证同类之义也。伏食之法，只取砂与水银二物，变化成丹，金以制砂，其义为伏，吞入五内，其义为食。非伏食无由作仙，非同类之物无由取以伏食。故曰："欲作伏食仙，宜以同类者。"此二句为通章要领。以下旁引曲喻，总是发明同类二字，世间一切有情无情之物，莫不各有其类。若同类相从，有如植禾之必以谷，覆鸡之必用卵，其气自然相辅，庶几物得化生而易于陶冶矣！若非类强合，则如鱼目之不可为珠，蓬蒿之不得成檟，燕雀之决不生凤，狐兔之决不产马，其性迥然各别，必至事情乖违，而难以成宝矣！何况水本流湿，其润下之性也，一流即不能强之使上；火本就燥，其炎上之性也，一动即不能强之使下。此一坎一离所以各从其类，砂与水银之所以变化而成丹也，即伏食之义也。

世间多学士，高妙负良材，邂逅不遭值，耗火亡资财。据按依文说，妄以意为之，端绪无因缘，度量失操持。捣治羌石胆，云母及矾磁，硫黄烧豫章，泥汞相炼飞，鼓铸五石铜，以之为辅枢。杂性不同类，安肯合体居，千举必万败，欲黠反成痴，稚年至白首，中道生狐疑，背道守迷路，出正入邪蹊，管窥不广见，难以揆方来。侥幸讫不遇，圣人独知之。

此节专破炉火之谬言。一切有形有质者，皆非同类之真也。欲炼还丹，必须采取药物，一性一命，本先天无形之妙。喻为铅汞，迥非凡砂水银，欲炼还丹，必是安炉立鼎，药物入炉，用先天真火煅炼。喻为炉火，迥非烧茅弄火，还丹工用，全资火候，始而烹炼，既而温养，终而变化，一粒圆成，脱胎入口。喻为伏食，迥非服饵金石。然而金丹大道，万劫一传，兼且世人福薄，难逢真师，往往多流于伪术。有等狂夫，自负高材博学，不求真师指授，妄认己意，附会丹经，遂以凡药为铅汞，以烧炼为炉火，以服饵为伏食，既不识端绪，又不知度量，于是广求五金八石，杂用三黄四神，既非本来同类之物，安肯合体成丹？是犹认鱼目以为珠，望狐兔以生马也。此等伪术，势必万举万败，白首无成。小则耗损资财，大则丧身失命，似黠而实痴，当疑而反信。此为守迷背道，出正入邪，不肯自己认错，转将错路指人，遂以管窥蠡测之见，著书立言，贻误方来，塞却后来途径，瞎却后人眼目。以至人法眼观之，无半点是处，此辈尚不觉悟，方且欲侥幸于万一，岂不谬哉！

首章指出两弦炁气，次章独揭先天金性，三章才说三性会合，直到还丹入口，位证真人，伏食之旨已无余蕴矣。但世人惑于旁门烧炼之术，往往假托伏食，而实非同类之真，故此章重言以破其迷。吕公警世诗云："不思还丹本无质，翻饵金石何太愚？"引而不发，其即仙翁破迷之意乎！

祖述三圣章第十三

此章言祖述三圣之《易》，以阐明大道也。

若夫三圣，不过伏羲，始画八卦，效法天地。文王帝之宗，结体演爻辞。夫子庶圣雄，十翼以辅之。三君天所挺，迭兴更御时，优劣有步骤，功德不相殊，制作有所踵，推度审分铢。有形易忖量，无兆难虑谋，作事令可法，为世定此书。

此节言三圣作《易》，为大道之渊源也。道体同于太虚，本无名象，邃古以前，混混沌沌，忘乎道，无非道也。自圣人作《易》，方才凿破混沌，一切天机乃尽泄矣。《易》之为书，画卦始于伏羲，系辞演于文王，十翼成于孔子，更三圣而易道始备。羲皇为开天之圣，宇宙在手，

万化生心，当时仰观俯察，穷取造化根源。天不爱道，于是河出《图》，洛出《书》，为之印证。从此灼见造化根源，只一太极，太极之精蕴，不出《河图》《洛书》。《河》《洛》之中，五即太极也。由此分出一阴一阳，而为两仪，由两仪而生四象，由四象而生八卦。八卦即画，其序则乾一、兑二、离三、震四、巽五、坎六、艮七、坤八。乾以原始，坤以要终，两头包括阴阳；震为天根，巽为月窟，一中分出造化。其位则乾南、坤北、离东、坎西、兑东南、艮西北、巽西南、震东北。阴阳之纯且中者居四正，杂且偏者居四隅。天位乎上，地位乎下，乾坤定子午之位；日生于东，月生于西，坎离列卯酉之门。以至山镇西北，泽注东南，风起西南，雷动东北，悉合造化自然法象。重之为六十四卦，其序其位大略相同。盖卦未画时，易在天地，卦既画时，天地在易，是谓效法天地，此先天之羲易也。先天之易，但离其体，未究其用，厥后《连山》首艮，《归藏》首坤。夏商之易，虽各有其用，而精义未彰。至商周之际，文王蒙难羑里，身经忧患，大用现前，乃翻转羲皇局面，颠倒乾坤化机。其位则离火自东而南，代乾之位，乾之大用在离，向明之象也；坎水自西而北，代坤之位，坤之大用在坎，藏用之地也。震木本在东北，进而居东，以代离木，与火为侣也。兑金本在东南，退而居西，以代坎金，与水为朋也。退乾父于西北，实居坎水之前，取乾知大始之义；置坤母于西南，实居离火之后，取坤作成物之义。艮来东北，处先天震位，长男返为少男，阳以进极而退也；巽往东南，处先天兑位，少女转为长女，阴以退极而进也。阴阳之少而交者，居四正；老而不交者，居四隅，义取交易为用。其八卦之序，则自帝出乎震，以至成言乎艮，循环无端，终始万物，义取变易为用。其六十四卦之序，则始于乾坤，中于坎离，终于既济未济，义取反对为用。位置既易，因象《系辞》。系在卦下者，谓之《彖辞》，如“元亨利贞”之类；系在逐爻者，谓之《爻辞》，如“潜龙勿用”之类。彖辞占变，粲然大备，是谓结体演《爻辞》。此则后天之《周易》也。孔子生诸圣之后，晚而好《易》，韦编三绝，其义益精，作十传以羽翼，圣经谓之十翼。《彖》《象》《文言》，专发文王后天之辞；《系辞》《说卦》，兼明伏羲先天之易；《序卦》《杂卦》，旁通流行之妙，反对之机。大约尽性至命之微言，穷神知化之奥义，无不悉备其中。是谓十翼以辅之，使人从后天以返先天，而易道集其大成矣！三圣皆天挺之资，迭兴间出，倡明在道，作述虽分，先后功德实无优劣。伏羲之《易》，取诸造化；文王之《易》，取诸伏羲；孔子之《易》，兼取诸羲、文，或作或述，同出一源，其间分数铢两，毫发不差。无兆者，形而上之道，太极是也；有形者，形而下之器，《卦爻》《象数》是也。形上之道，难以揣摹，形下之器，易为忖度。所以画卦、系辞作翼，而一阴一阳之道，遂冒乎其中。三圣定为此《易》书，正欲万世学道之士则而象之耳。

素无前识资，因师觉悟之，皓若褰帷帐，瞋目登高台。《火记》六百篇，所趣等不殊，文字郑重说，世人不熟思。寻度其源流，幽明本共居，窃为贤者谈，曷敢轻为书。若遂结舌喑，绝道获罪诛，写情著竹帛，又恐泄天符。犹豫增叹息，俯仰缀斯愚。陶冶有法度，安能悉陈敷？略述其纲纪，枝条见扶疏。

此节言准《易》以作《参同契》，直叙其源流也。魏公自言大道非真师不传，天纵如三圣制作，且有所踵，况我素无先知之资，岂能坐进大道？幸遇真师先觉，而始得开悟耳。因师觉悟之后，夙障尽空，疑团冰解，双目洞明，有若褰帷帐，而登高台，岂不快哉！《易》有六十四卦，除去乾坤坎离四卦应炉鼎药物，其余一日两卦，朝屯暮蒙。一月三十日，准六十卦，十月三百日，便准六百卦。究竟簇年归月，簇月归日，簇日归时，火候工夫只在一刻。文虽郑重，旨趣不殊，非果有六百篇《火记》也。奈世人不能好学深思，究其源流之所在。倘能究之，只此一坎一离，月幽日明，同类共居，日月为易，通乎昼夜，便是无上至真妙道。我今因师觉悟，灼见道在，目前只可与一二贤者共谈，不敢轻易笔之于书也。然遂闭口结舌，诚恐逆天道而获谴，若尽情著之竹帛，又恐泄天宝而罹愆，进退两难，犹豫俯仰，只得假大易有象之文，寓大丹无形之用，费尽陶冶，约略敷陈，鼎器药物，粗述纲纪，采取烹炼，微露枝条，冀后学之得意而忘言耳。盖书不尽言，言不尽意，仙翁《参同》一书，实与三圣作《易》尽性至命、穷神知化之宗旨，若合符节，世之有缘遇师者，得此一印证而了然矣！

还丹法象章第十四

此章全举还丹法象，以为入室之准则也。

以金为堤防，水入乃优游。金数十有五，水数亦如之。临炉定铢两，五分水有余，二者以为真，金重如本初，其土遂不离，二者与之俱。

此节言金水二炁为金丹之真种也。盖还丹妙用，彻始彻终只此金水二物，建之即为炉鼎，采之即为药物，烹之即为火候，乃至抽添运用，脱胎神化，无不在此。然学道之士，当知所先后，未有堤防不立，而得金水之用者也。坎中之金，本伏处而在内。然内者不可不出，金丹作用，必须先立堤防，牢镇六门，元气方不外泄。离中之水，易泛滥而在外，然外者不可不入，况堤防既立，不许泛滥，真精无复走漏，自然优游入炉。故曰："以金为堤防，水入乃优游。"金水两物之中，本藏戊己二土，土之生数得五，成数得十。坎中之金纳戊，是得其十数之五也；离中之水纳己，是亦得其十数之五也。二土合而成圭，两弦之炁，恰好圆足。故曰："金数十有五，水数亦如之。"堤防既立，方及临炉之用，临炉配合，仍旧是金水二物，但铢两分数，纤毫不可差错。真水真金二者，须要适均，不可太过，亦不可不及，故水止于五分，当防其有余而泛滥，不可太过也。金亦须五分，当重如原初之铢两，不可不及也。金水二者既得其真，自有真土调和其间。盖离中纳己，其五分之水即己土也；坎中纳戊，其五分之金即戊土也。举金水二物，而真土在其中矣！至及戊己二土，会入中央，亦适得五分，本数三家相会，恰圆三五之数，故曰："其土遂不离，二者与之俱。"三五之义，出于《河图》，东三、南二，木火为侣；北一、西四，金水为朋。此处但举金水而不及木火者，盖以金水为精魂，如人之形，木火化为神魂；如人之影，形动则影随，寸步不离。木火之于金水亦然，精魄既合同而化，神魂亦与之俱。妙矣！此金丹造化之妙也。

三物相含受，变化状若神。下有太阳炁，伏蒸须臾间，先液而后凝，号曰黄舆焉。岁月将欲讫，毁性伤寿年，形体为灰土，状若明窗尘。

此节言坎离交会，金丹之法象也。金水两弦之炁，得真土以含育之，是为三物一家，其中自生变化之状，而神明不测矣！盖前后堤防既已完固，不容丝毫走漏，炉中真炁自然发生，然后抽坎中之阳，填离中之阴，北海中太阳真火熏蒸上腾，须臾之间，离宫真水应之，先时化为白液，后乃凝而至坚，两者交会于黄房，运旋不停，有黄舆之象，所谓"婴儿姹女齐齐出，却被黄婆引入室"也。然此两物未交之前，当以真意合之，两物既交之后，又当以真意守之。一点阳炁敛入厚土中，生机转为杀机，譬若穷冬之际，万物剥落而归根，故曰："岁月将欲讫，毁性伤寿年。"初时神入炁中，寂然不动，似乎槁木死灰，久之生机复转，一点真炁，希微隐约，滃然上升，有如野马尘埃之状，故曰："形体为灰土，状若明窗尘。"此为坎离始媾，大药将产之法象。

捣治并合之，持入赤色门，固塞其际会，务令致完坚。炎火张于下，龙虎声正勤，始文使可修，终竟武乃陈。候视加谨密，审察调寒温，周旋十二节，节尽更须亲。气索命将绝，体死亡魄魂。色转更为紫，赫然成还丹。粉提以一丸，刀圭最为神。

此节言乾坤交媾还丹之法象也。坎离既交会于黄房，抟炼两物，并合为一，养在坤炉之中，时节一到，大药便产，所谓“水乡铅，只一味”是也。大药既产，即忙采取，当以真意为媒，回风混合，徐徐从坤炉升入乾鼎，方得凝而成丹，故曰“捣冶并合之，持入赤色门”。此二句，有吸舐撮闭无数作用在内。赤色门即绛宫乾鼎是也，药既升鼎渐凝渐结，又徐徐从乾鼎引下，送归黄庭。此时当用固济之法，深之又深，密之又密，直到虚极静笃，一点真阳之炁，方不泄漏。故曰：“固塞其际会，务令致完坚。”固塞之极，一阳动于九地之下，形如烈火，斩关而出，正子时一到，亟当发真火以应之，霎时乾坤阖辟，龙虎交争，便有龙吟虎啸之声，故曰：“炎火张于下，龙虎声正勤。”大药初生，用文火以含育之，方得升腾而出炉；大药既生，用武火以煅炼之，方得结实而归鼎。故曰：“始文使可修，终竟武乃成。”此中火候不可毫发差殊，当用文而失之于猛，则火太炎矣；当用武而失之于弱，则火太冷矣。必相其宽猛之宜，调其寒温之节，方能得中，故曰：“视候加谨密，审察调寒温。”子时从尾闾起火，应复卦一阳初动，是为天根，直至六阳纯乎乾，动极而复静矣；午时从泥丸退火，应姤卦一阴初静，是为月窟，直至六阴纯乎坤，静极而复动矣。故曰：“周旋十二节，节尽更须亲。”此乾坤大交之法象也。动静相生，循环不息，炼之又炼，日逐抽铅添汞，久之铅尽汞干，阴消阳长，方得变种性为真性，化识神为元神。阴滓尽除，则尸气灭而命根萃断；阳神成象，则凡体死而魂魄俱空。故曰：“气索命将绝，体死亡魄魂。”《关尹子》所谓“一息不存，道将来契”，正此时也。至于伏炼久久，绝后再苏，心死神活，而鼎中之丹圆满光明，塞乎太虚矣！岂非“色转更为紫，赫然称还丹”乎？金丹本乾家所出，还归于乾，故称还丹；色转紫者，取水火二炁煅炼而成也。还丹有气无质，不啻如一丸之粉，一匕之刀圭。而其变化若神已如此，从此脱胎换鼎，再造乾坤，子又生孙，神化不测，过此以往，未之或知矣！岂非“粉提以一丸，刀圭最为神”乎？刀者，水中金也；圭者，戊己二土也。可见彻始彻终，只取金、水、土三物，变化而成还丹耳。崔公《入药镜》云：“饮刀圭，窥天巧。”吕祖《沁园春》云：“当时自饮刀圭，又谁信无中产就儿。”其旨略同。

此章全露还丹法象，系伏食卷中大关键处。初言两物相交，则伏炁于坤炉，而产药继言一阳初动，则凝神于乾鼎而成丹。前两节总是金丹作用，后一节方是还丹作用。《入药镜》云“产在坤，种在乾”，《悟真篇》云“依他坤位生成体，种在乾家交感宫”，皆本诸此章。

还丹名义章第十五

此章结言还丹名义，不外水火之性情也。

推演五行数，较约而不繁，举水以激火，奄然灭光明。日月相薄蚀，常在晦朔间，水盛坎侵阳，火衰离昼昏，阴阳相饮食，交感道自然。

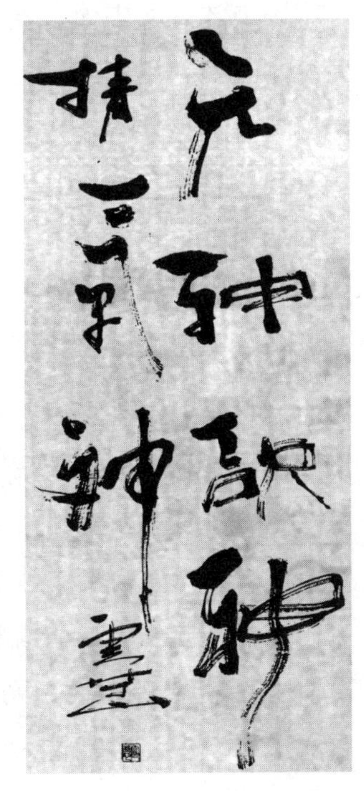

此节言水火交感，虽变而不失其常也。盖丹道之要，不外一水一火。水火本出一原，后分两物，乾中一阳走入坤宫成坎，坎中有太阳真火；坤中一阴转入乾宫成离，离中有太阴真水。水火二炁，互藏其根，化化不穷，五行全具其中。盖水能生木，木能生火，火能生土，土能生金，金转生水，左旋一周而相生，便是《河图》顺数。火能克金，金能克木，木能克土，土能克水，水转克火，右旋一周而相克，便是《洛书》逆数。一顺一逆，一生一克，而五行之千变万化，总不出其范围。故曰：“推演五行数，较约而不烦。”天一生水，水本真阳，落在北方太阴之中，所以水反属阴；地二生火，火本真阴，升在南方太阳之位，所以火反属阳。阴盛便来侵阳，水盛便能灭火。盖先天无形之水火，主相济为用；后天有形之水火，便主相激为仇，故曰："举水以激火，奄然灭光明。"天上之日月，即是世间之水火，日属太阳火精，其光无盈无亏，月属太阴水精，借太阳以为光。晦朔之交，日与月并会于黄道，谓之合朔。然但同经而不同纬，故虽合朔而日不食。若同经而又不同纬，月不避日阳光，便为阴魄所掩，所以太阳薄蚀，长在朔日，故曰："日月相薄蚀，常在晦朔间。"人身与造化，若合符节。世人但知坎水为月，不知离中一点真水，正是月精；但知离火为日，不知坎中一点真火，正是日光。晦朔之交，日月合璧，水火互藏，一点太阳真火，沉在北海极底，邵子所谓"日入地中媾精之象"也。在丹道为坎离会合，一阳初动之时，此时当温养潜龙，勿可轻用，直到阳光透出地上，方才大明中天。若真阳不能作主，陷在阴中，无由出炉，即是北方寒水过盛，浸灭太阳之象。真火既为寒水所浸，日光便受重阴掩即，正当中天阳盛之时，奄奄衰弱，昏然而无光矣！故曰："水盛坎侵阳，火衰离昼昏。"坎居北方幽阙之中，正子位上，月当朔之象也；离居南方向明之地，正午位上，日当昼之象也。水火均平，方得交济为用，一或偏胜，便致薄蚀为灾。日月之相薄蚀，即"举水以激火，奄然灭光明"之义也。当与中篇"晦朔薄蚀，掩冒相倾"参看。虽然，此特言其变耳，若水不过盛，火不过衰，日以施德，月以舒光，水火自然之性情，即阴阳交感之常道，薄蚀灾变，何自而生？故曰："阴阳相饮食，交感道自然。"日月反其常道，故云薄蚀；阴阳循其自然，故云饮食。盖以造化日月之合，有常有变，喻身中坎离之交，有得有失，不可不慎密也！

名者以定情，字者缘性言，金来归性初，乃得称还丹。

此节言金返归性，乃还丹之了义也。离中元精，本太阴真水，又称木液；坎中元炁，本太阳真火，又称金精。丹道以水火为体，金木为用。《关尹子》曰“金木者，水火之通”是也。金木虽分两物，究其根源，只一金性。金性本出先天之乾，未生以前，纯粹以精，万劫不坏，只因有生以后，混沌一破，走入坤宫，是为坎中金精，乾家之性转而称情，乾之一阳既变为坎，其中换入坤之一阴，是为离中木液，坤家之情，转而称性。盖木主宁静，字之曰性，所谓人生而静，天之性也。金主流动，名之曰情，所谓感于物而动性之欲也，两者同出异名。譬如只此一个人，既有名，复有字，名字虽分两样，性情原是一人，故曰：“名者以定情，字者缘性言。”其初，乾中之金变而成坎，便是性转为情。一转则无所不转，轮回颠倒，只在目前，所谓顺去生人生物也。今者，仍取坎中真金还而归乾，便是情返为性。一返则无所不返，坚固圆常，顿超无漏，所谓逆来成圣成仙也。学道之士，若能于感而遂通之后，弗失其寂然不动之初，而丹乃可还矣！故曰“金来归性初，乃得称还丹”。此两句不特为一部《参同契》关键，且能贯穿万典千经。《楞严经》云：“如金矿杂于金精，其金一纯，更不成杂。”《圆觉经》云：“如销金矿，金非销有，既已成金，不重为矿，经无穷时，金性不坏。”是此义也。吕纯阳云：“金为浮来方见性，木因沉后始知心。”张紫阳云：“金鼎欲留朱里汞，玉池先下水中银。”亦此义也。可见三藏梵典，只发挥得金性二字，万卷丹经，只证明得还丹二字。且更兼质之羲《易》，若合符节，可以豁然矣！还丹法象已备见上章，此特结言其名义耳。

吾不敢虚说，仿效圣人文。古记显龙虎，黄帝美金华，淮南炼秋石，玉阳加黄芽。贤者能持行，不肖毋与俱，古今道由一，对谈吐所谋。学者加勉力，留念深思维，至要言甚露，昭昭不我欺！

此节言还丹宗旨，实祖述从上先圣也。自开辟以来，只有此一点金性，得此以自度，超凡入圣固是这个，得此以度世，著书立言也是这个。所谓千百世之上，千百世之下，有圣人出焉，此心此理，无不同也。迥非一切虚词曲说可得而拟，故曰：“吾不敢虚说，仿效圣人文。”本来金性无名无字，古圣因觉悟末学，强为安名立字，种种不一。还丹之道，取龙虎两弦之炁，相配而成，古丹经中，显出龙虎两物，故曰："古记显龙虎。"不特此也，昔黄帝炼成还丹，美其名曰金华；淮南丹成，又名秋石；玉阳丹成，又名黄芽。龙虎象一金一木，金华象水中之金，秋石色本黑而转白，亦象水中之金，黄芽象土中之金；究竟名字虽殊，性情则一，所谓"较约而不烦"者也。即如篇中言龙虎，言金华，言黄芽，不一而足；或喻两物，或喻真种，要皆本黄帝以来之遗文，岂故为虚词曲说，以误后学哉！然此事只可与贤者行持，断断不可与不肖者同事。何以故？贤者性慧而能通，得真师一言开悟，便知专求先天金炁炼成还丹，不受群惑。不肖者性钝而易惑，闻说龙虎，便疑是炉火外道；闻说金华、黄芽，便猜做五金八石；闻说秋石，便思炼食溲溺。错认先圣大道，流入旁门，此辈讵可与共事哉！岂知一切异名，总不出先天金性，只此一事实，余二即非真。先圣先贤，得心应手之后，著书立说，各出手眼，然到宗旨合同处，恍如对面而谈，无不吐露，至切至要，更无一字自欺欺人。学者倘能参礼真师，研穷玄奥，勉力而深思之，悉与此书印证，毫发不差，方知还丹大道，只在目前。仙翁真不我欺也！何不直下承当，而转转赚误乎？此系上篇伏食末章，专为还丹二字结尾，故魏公自发其作书之原委，特叮咛之。

抑有疑焉？魏公既言《参同》一书，祖述三圣之《易》而作矣，此处仿效圣人，又别指黄帝以下，一可疑也。世俗相沿，又云魏公不知师授谁氏，得古文《龙虎经》，仿之作《参同契》，二可疑也。愚常窃取近代所传《龙虎经》，反复玩之，不特义蕴浅薄，视《参同》有霄壤之别，即其章章相效，句句相摹，声口逼肖，蹈袭之蹊径显然。盖世间好事者，见此章有古记显龙虎句，求其说而不得，遂造作伪书，以欺世而惑众耳。后来彭晓、王道辈，读书无眼，甘为所欺，反以此书为依傍《龙虎经》而作，岂不误哉！自王、彭作俑以来，近代炉火家无不奉《龙虎经》为指南，并将此书牵入炉火，牢不可破，遂使金丹大道，流为旁门烧炼之术，良可悲也！然则，仿效圣人句，究竟何居？曰：此圣人泛指黄帝以来诸祖。仿效者，言金华、黄芽诸异名所自出也，非专指《龙虎经》也。若专指《龙虎经》，则金华、黄芽等又出何经耶？即使果有《龙虎经》，必系上古之文，在魏公时尚仿佛相传，今则久已亡矣！决非近代所传之伪《龙虎经》也。然则，仿效圣人，祖述三圣两说，究竟何居？曰：两者各不相悖。篇中龙虎、金华诸异名，相沿于黄帝以来所传之文，而药物、炉鼎、火候三种法象，则断断出乎三圣之《易》，不可诬也。此御政伏食之所以相为表里也。其参考丹经，则中篇结尾，维昔圣贤伏炼九鼎等句，印证甚明。其原本《周易》，则下篇结尾歌叙大易三圣遗言等句，印证尤明。后两篇结尾，实与此章首尾相应。彼两章内并不提《龙虎经》一字，可见此处仿效圣人，其为泛指之辞无疑矣。非愚辄敢为臆说，皆据仙翁所自道也。此系千古一大疑案，管窥之见，聊为指破，知我罪我，其何敢辞。伏食诸章，尤奥于前两卷，得此阐发，不啻皎日之中天矣。至如《龙虎经》一案，以伪杂真，千数百年来无人敢开口并为道破，快绝！快绝！

中　篇

上卷
（上卷御政计四章，此乃中之上也）

上卷十五章，分御政、养性、伏食三卷，应药物、炉鼎、火候三要，金丹大道已无余蕴。然但举其体统该括处，尚有细微作用，未及悉究，恐学者不察，流入差别门庭，故此篇仍分三卷，将差别处逐段剖析，与上篇处处表里相应。近代诸家有分上篇为经，此篇为注者，又有分四言为经，五言为注者。不知彻头彻尾贯通三篇始成一部。《参同契》千载之下，孰从定其为经为注，而徒破碎章句乎？俱系臆说，概所不取。

此篇专言御政，而养性、伏食已寓其中，义同上篇。

四象环中章第十六

此章言乾坤坎离，自相造化，明先天环中之妙也。

乾刚坤柔，配合相包，阳禀阴受，雄雌相须。须以造化，精炁乃舒。

此节言乾坤为坎离之体也。盖乾坤者易之门户，实坎离之所自出。乾元为天地之始，坤元为万物之母。乾动而直，其体本刚，故资始而有父道；坤静而翕，其体本柔，故资生而有母道。两者自相配合，包含万化，故曰："乾刚坤柔，配合相包。"父主秉与，能知大始，所谓"雄阳播元施"也；母主含受，能作成物，所谓"雌阴化黄包"也。故曰："阳禀阴受，雌雄相须。"两者相须，始成造化。造者，自无而之有；化者，自有而之无。自无而之有，则真空形为妙有，乾中藏坤；自有而之无，则妙有返为真空，坤中藏乾。乾中藏坤，是为太乙元精；坤中藏乾，是为元始祖炁。主宾颠倒，造化之妙见矣。故曰："须以造化，精炁乃舒。"此言乾坤交而生坎离药物，即《易》所谓"天地絪缊，万物化醇"也。

坎离冠首，光耀垂敷。玄冥难测，不可画图，圣人揆度，参序元基。四者混沌，径入虚无。

此节言坎离乾坤之用也。乾坤一媾，中间便成坎离。离为至阴之精，坎乃至阳之炁，杳冥恍惚，虽后天地而用，实先天地而生。造化得之，而为日魂月魄，光明普照，能生万物；吾身得之，而为日精月华，光明摄聚，能产大药。岂非"坎离冠首，光曜垂敷"乎？夫此元精元炁，恍惚杳冥之物，非有非无，可用而不可见，尚且难于测识，岂能传之画图？全赖作《易》之圣，多方揆度，象以乾父坤母，坎男离女，故篇中得以配之，为炉鼎药物，无非参序元化之基，使内观者知有下手处耳。学道之士，倘能法乾坤以立炉鼎，攒坎离以会药物，日精月光，两者自然凝聚，盘旋于祖窍之中，混混沌沌，复返先天虚无一炁，大药在其中矣。故曰："四者混沌，径入虚无。"此言坎离交而归乾坤祖窍，即《易》所谓"男女媾精，万物化生"也。

六十卦周，张布为舆，龙马就驾，明君御时。和则随从，路平不邪，邪道险阻，倾危国家。

此节言火候之节度也。除却乾坤坎离四卦应炉鼎药物，余六十卦循环布列，配乎周天，在一日为子、午、卯、酉，在一月为晦、朔、弦、望，在一年为春、夏、秋、冬，周流反复，循环不息，有张布为舆之象。

既有舆，不可无马以驾之。何谓龙马？龙以御天，主于飞腾；马以行地，主于调服。作丹之时，神炁相守，不敢飞腾，御天之乾龙，化为行地之坤马，步步循规蹈矩，有若人君统御臣下，立纲陈纪，一毫不敢懈弛，故曰：“龙马就驾，明君御时。”夫御车之法，与御政大段相同，须得六辔在手，调和合节，舆从马，马随人，稳步康庄大路，宜端平而不宜攲斜。若一攲斜，则险阻在前，覆辙立至，亦犹御政者之失其常道，危及国家矣。丹道以身为舆，以意为马，御之者心君也。当采取交媾之时，仗心君之主持，防意马之颠劣，稍一不谨，未免毁性伤丹，可不戒哉？总是一介主宰，在车则为御者，在政则为明君，在天则为斗柄，在丹道则为天心，皆言把柄在手也。上篇御政章中，要道魁柄等句，即是此意。

此章大指正与上篇首章相应，乾刚坤柔一段，即乾坤门户之说也。

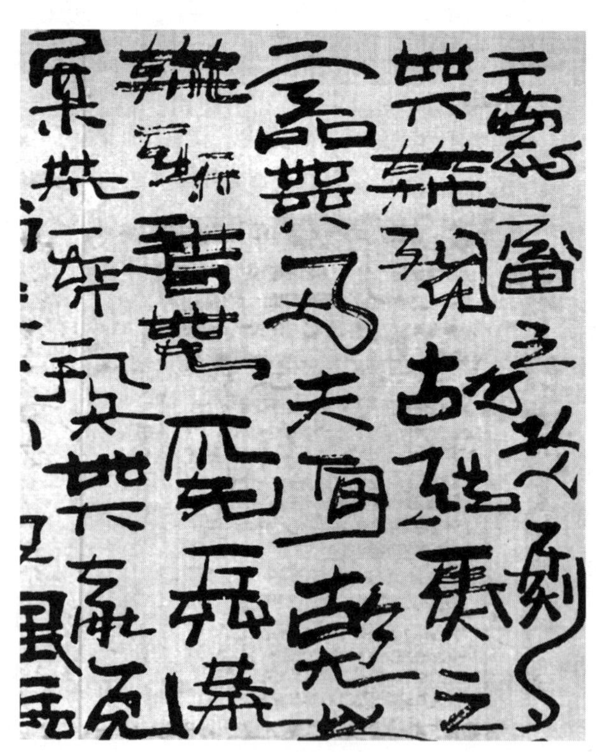

坎离冠首一段，即坎离匡廓之说也。六十卦周一段，即运毂正轴、处中制外之说也。余可类推，然亦仿佛其大略而已。

动静应时章第十七

此章言火候之一动一静，不可失其时节也。

君子居其室，出其言善，则千里之外应之。谓万乘之主，处九重之室，发号出令，顺阴阳节，藏器俟时，勿违卦月。屯以子申，蒙用寅戌，余六十卦，各自有日。聊陈两象，未能究悉，立义设刑，当仁施德，逆之者凶，顺之者吉。

此节言动静不失其时，为火候之准则也。盖作丹之要，全在周天火候，火候之要，全在一动一静。上章言六十卦周，张布为舆，已见火候之节度，与人君御政同一枢机矣。枢机之发，丝毫不可苟且，故复譬之以居室。“君子居其室，出其言善，则千里之外应之”。此《易·大传》原文也。魏公因而诠释之，谓万乘之主，即本来天君；九重之室，即中宫神室。天君即处密室之中，静则寂然不动，洗心退藏；动则感而遂通，发号出令，无非顺一阴一阳之节，观天道而执天行耳。当其阳极阴生，是为月窟，其卦属姤，其月在午；及其阴极阳生，是为天根，其卦属复，其月在子。时不可先，则当静以待之；时不可失，则当动以迎之。故曰：“藏器俟时，勿违卦月。”静极而动，万化萌生，屯之象也。屯卦内体纳子，外休纳申，水生在申，取萌生之义。故曰“屯以子申”，即上篇所谓“春夏据内体，从子到辰巳”也。动极而静，万化敛藏，蒙之象也。蒙卦内体纳寅，外体纳戌，火库在戌，取敛藏之义。故曰“蒙用寅戌”，即上篇所谓“秋冬当外用，自午讫戌亥”也。两卦反复，一昼一夜，便分冬夏二至。其余六十卦各有昼夜反对，在人引而伸之耳。故曰：“聊陈两象，未能究悉。”二至既定，中分两弦，上弦用春分，本属卯木，然德中有刑，反为肃杀之义，故曰“立义设刑”；下弦应秋分，本属酉金，然刑中有德，反为温和之仁，故曰：“当仁施德。”即上篇所谓赏罚应春秋，当沐浴之时也。夫子午之一寒一暑，卯酉之一杀一生，阴阳大分，纤毫不可差错，苟合其节，则外火内符自然相应，如人主端拱九重，一出令而千里之外皆应，否则千里之外皆违矣。故曰：“逆之者凶，顺之者吉。”

按历法令，至诚专密，谨候日辰，审察消息，纤芥不正，悔吝为贼。二至改度，乖错委曲，隆冬大暑，盛夏霜雪。二分纵横，不应漏刻，水旱相伐，风雨不节，蝗虫涌沸，群异旁出，天见其怪，山崩地裂。孝子用心，感动皇极，近出己口，远流殊域，或以招祸，或以致福，或兴太平，或造兵革，四者之来，由乎胸臆。

此节正言火候之节度，逆则凶而顺则吉也。火候之一静一动，如法令之不可违，学道者但当按行而涉历之。凡进退往来于二至二分界限处，立心务要至诚，用意务要专密，谨候其升降之日辰，审察其寒温之消息，《入药镜》所谓“但至诚，法自然”是也。若于法令稍违，仅仅纤芥不正，便悔吝交至，贼害丹鼎矣。何以征之？假如冬至一阳初生，法当进火，然须养潜龙之萌，火不可过炎；夏至一阴初降，法当退火，然须防履霜之渐，火不可过冷；倘或乖戾委曲，改其常度，不当炎而过炎，则隆冬返为大暑；不当冷而过冷，则盛夏返为霜雪矣。至于春秋二分，阴阳各半，水火均平，到此便当沐浴，洗心涤虑，调燮中和，鼎中真炁方得凝聚。若用意不专，纵横四驰，便于漏刻不应。水若过盛，则为水灾，火若过盛，则为旱灾，而盲风怪雨不中其节矣；不特此也，倘漏刻不应，小则螟蝗立起，玉炉与金鼎沸腾，大则山川崩裂，金虎共木龙驰走；以上皆所谓逆之者凶也，皆因心君放驰，神室无主，遂感召灾变；若此修道之士，倘能回光内守，须臾不离方寸；若孝子之事父母，视无形而听无声，如此用心，自然感动皇极；皇极者，天中之真宰，即吾身天谷元神也。先天元神，寂然不动，本无去来向背，但后天一念才动，吉凶祸福旋即感通；譬孝子之事父母，形骸虽隔，方寸潜通，虽在千里之外，疴痒疾痛，无不相关，岂非“近出己口，远流殊域”乎？此则漏刻皆应，灾变不干，即所谓“顺之者吉”也。可见只是一感通之机，或逆之而召祸，或顺之而致福，或端拱而获太平之庆，或躁动而酿兵革之灾。吉凶悔吝之端，岂不由居室者之胸臆耶？盖逆则凶，顺则吉，吉凶相对，悔吝介乎其中。虽然，吉一而已，凶悔吝居其三，可不慎乎！

动静有常，奉其绳墨，四时顺宜，与炁相得。刚柔断矣，不相涉入，五行守界，不妄盈缩，易行周流，屈伸反复。

此节结言动静有一定之时，不可失其准也。盖丹道之动静与造化同，动极而静，入于杳冥，则当虚己以待时；静极而动，出于恍惚，则当用意以采取。若当静而参之以动，或当动而参之以静，即属矫揉造作，失其常道矣，故曰：“动静有常，奉其绳墨。”既知动静之常，时当二至，便该进火退符，时当二分，便该温养沐浴，各得其宜，方与四时之正气相应，故曰：“四时顺宜，与炁相得。”刚属武火，柔属文火。身心未合之际，当用武火以煅炼之，不可稍涉于柔；神炁既调之时，当用文火以固济之，不可稍涉于刚。故曰：“刚柔断矣，不相涉入。”金丹之要，全在和合四象，攒簇五行。四象环布，土德居中，东西南北，各有疆界，不可过，不可不及，故曰：“五行守界，不妄盈缩。”有阴阳之炁，即有刚柔之质，有刚柔之质，即有动静之时，此吾身中真易也。真易周流一身，屈伸反复，无不合宜，即如人君一发号出令，而千里之外皆应者矣！

此章详言火候节度，与上篇首章屯蒙、早晚、春秋、寒暑等句互相发明。上篇举其大概，故有得而无失；此处详其纤微，故得失并列。俾学道者知所法戒耳。

坎离交媾章第十八

此章言坎离交而产药，应一月之晦朔弦望，乃小周天之火候也。

晦朔之间，合符行中，混沌鸿濛，牝牡相从。滋液润泽，施化流通，天地神明，不可度量，利用安身，隐形而藏。

此节言晦朔之交，日月会合为大药之根本也。造化之妙，动静相生，循环无端。然不翕聚则不能发散，不蛰藏则不能生育，故以元会计之，有贞而后有元；以一岁计之，有冬而后有春；以一日计之，有亥而后有子；以一月计之，必有晦而后有朔；此终则有始之象也。何以谓之晦朔？月本无光，受日魂以为光，至三十之夕，光尽体伏，故谓之晦。此时日与月并行于黄道，日月合符，正在晦朔中间；吾身日精月光，一南一北，赖真意以进摄之，方交会于中黄神室；水火既济，正在虚危中间，虚极静笃，神明自生，即一刻中真晦朔也，故曰："晦朔之间，合符行中。"造化之日月以魂魄相包，吾身之日月以精光相感；当神归炁穴之时，不睹不闻，无天无地，璇玑一时停轮，复返混沌，再入鸿濛，即此混混沌沌之中，真阴真阳自相配合，故曰："混沌鸿濛，牝牡相从。"玄牝相交，中有真种，元炁絪缊，杳冥恍惚，正犹日魂施精，月魄受化，自然精炁潜通，故曰："滋液润泽，施化流通。"方其日月合符之际，天气降入地中，神风静默，山海藏云，一点神明包在混沌窍内，无可觅处；此即一念不起，鬼神莫知境界，故曰："天地神明，不可度量。"天入地中，阳包阴内，归根复命，深藏若虚，不啻龙蛇之蛰九渊，珠玉之隐川泽。谭景升曰"得灏炁之门，所以归其根，知元神之囊，所以韬其光"，此之谓也。故曰："利用安身，隐形而藏。"

始于东北，箕斗之乡，旋而右转，呕轮吐萌，潜潭见象，发散精光。昴毕之上，震出为征，阳炁造端，初九潜龙。

此节言艮之一阳反而为震也。人知月至晦日乃失其明，不知实始于下弦，下弦为艮，后天艮位居东北，于十二辰当丑寅之间，于二十八宿，当箕斗之度。盖天道左旋主顺行，顺起于子中；地炁右转主逆行，逆起于丑寅之间。欲知天道主顺，当以一岁次序观之。一岁之序，自北而东，以讫于南，自南而西，以讫于北。从子到丑，从丑到寅，出乎震而成乎艮，后天顺行之五行也。欲知地炁主逆，当以一月纳甲征之。纳甲之运，子当右转，却行以至于未申，自北转西，自西转南，是为上弦之炁，其象为得朋；午乃东旋，逆行以至于寅丑，自南转东，自东转北，是为下弦之炁，其象为丧朋。两弦交会，正当晦朔中间，剥在艮而复在震，先天逆用之五行也。金丹之道，全用先天纳甲，与天上太阴同体。太阴真水，生于午，自十六一阴之巽，至二十三二阴之艮，阴来剥阳，仅存硕果。又自东转北，正值丑寅之交，箕水斗木二宿度上，旋入乙癸，艮之一阳尽丧而为坤。在吾身为神入炁中，万化归根，即所云“午乃东旋，东北丧朋”之象也。此时阴极阳生，太阳真火即生于子。盖阳无剥尽之理，日月掸持，正在北方虚危之地，交会既毕，渐渐自北转西，月魄到此，微露阳光，谓之“旋而右转，呕轮吐萌”。一点真火，隐然沉在北海中，谓之“潜潭见象，发散精光”。迨精光渐渐逼露，一日、二日，以至三日，正值未申之交，昴日毕月二宿度上，庚方之上，昏见一钩，如仰盂之状，坤中一阳才出而为震。在身中为铅鼎初温，药苗新嫩，即所云“子当右转，西南得朋”之象也。阳炁虽然发生，但造端托始，火力尚微，正应乾卦初九潜龙之象，到此只宜温养子珠，不得遽用猛火。

此节言日月合璧，产出金丹大药，即系活子时作用。尹真人云“欲求大药为丹本，须认身中活子时”，正此义也。晦朔之间，坎离交而成乾，乾为真金，故称金丹。所以金丹火候专应乾卦六阳。

阳以三立，阴以八通，三日震动，八日兑行。九二见龙，和平有明。

此言二阳之进而为兑也。三为少阳之位，属震；八为少阴之数，属兑。

震卦阴中含阳，故曰“阳以三立”；兑卦阳中带阴，故曰：“阴以八通。”初三月出庚方，有震动之象。初八上弦，月见丁方，有兑行之象。月到上弦，鼎中金精始旺，龙德正中，故又为“九二见龙，和平有明”之象；然震之一阳才动于二阴之下，兑之一阴已行于二阳之上，德中有刑，生中带杀，此沐浴之时也。

三五德就，乾体乃成。九三夕惕，亏折神符，盛衰渐革，终还其初。

此言三阳到乾，阳极而阴生也。月至望日，三五之德始圆，乃成乾体。此时药已升鼎，金精盛满，光彻太虚。然盛极而衰，当防亏折，故有“九三夕惕”之象。正当终日乾乾之时，乾道渐渐变革，巽之一阴已来受符，阳之终即阴之初，此守城之时也。

巽继其统，固济操持。九四或跃，进退道危。

此言一阴之退而为巽也。乾体既纯，阳火过盛，当继之以阴符，全赖巽体一阴为之固济操持，收敛阳炁。此时乾四之或跃，已变为坤四之括囊。盖金丹火候，只取乾中三阳，三阳退处，便是三阴。进极而退，当防其道途之危，此虑险之时也。

艮主进止，不得逾时，二十三日，典守弦期，九五飞龙，天位加喜。

此言二阴之退而为艮也。一阳在上，硕果独存，阳之向进者到此截然而止。此时水火均平，鼎中阳气渐渐凝聚，渐渐归藏，时不可逾，恰当二十三日，典守下弦之期。乾五之飞龙在天，变为坤五之黄裳元吉，刑中有德，杀中带生，故有“天位加喜”之象，此亦沐浴之时也。

六五坤承，结括终始，韫养众子，世为类母。上九亢龙，战德于野。

此言纯阴返坤，阴极而阳生也。六五二字，虽似专指坤卦第五爻，实则一月弦望晦朔之统会也。盖八卦纳甲，乾坤括始终，包罗六子在内，六子皆赖乾父以资始，赖坤母以代终，一月之造化，统体三阴三阳，月为太阴，水体纯黑无光，特感受太阳金精，寄体生光，一阳生于震，自朔到望，乃是乾之寄体；一阴生于巽，自望到晦，方是坤之本体；究竟

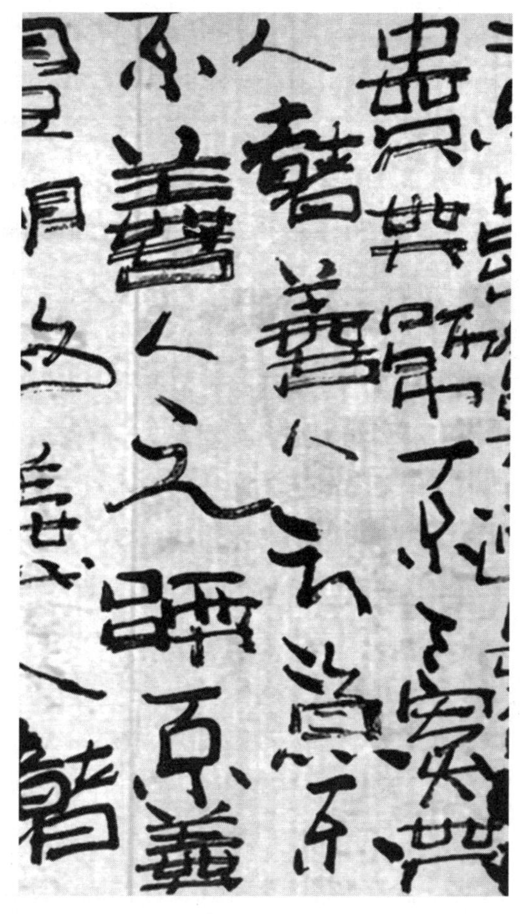

彻始彻终，一点阳光总属太阳乾精，特借坤中阴魄为之承载摄受耳！乾父之精，全赖坤母之体包承而结括之；自坤之初爻到五爻，一月之候，恰好完足，故曰："六五坤承，结括终始。"六子总不出乾坤范围，但三男三女，各从其类。阳魂总是日光，属之乎乾；阴魄总是月精，属之乎坤；然三阴皆统体于乾者，乾元统天之旨也，父道也；三阳皆寄体于坤者，坤元承天之旨也，母道也；所以乾之世，在上九称宗庙，爻实为六子之父；坤之世，在上六称宗庙，爻实为六子之母。此以坤之承顺乎乾者言之，故曰："韫养众子，世为类母。"金丹大药，其初原从坤炉中产出，方得，上升乾鼎，升而复降，落在黄庭，养火之功，仍在坤炉，以静待一阳之复，彻始彻终，俱有母道；然则乾之上九变尽，则为坤之上六矣。不知阳无剥尽之理，硕果在上，巍然不动，此则京氏《火珠林易》取上爻为宗庙，不变之义也。所以《坤》上六《爻辞》曰："龙战于野，其血玄黄。"战野之龙，即乾上九之亢龙也。阴极而阳与之战，一战后方得和合，坤为无极之乡，故称于野。后天，乾居西北，至阴之地，故又曰战于乾。玄属乾，黄属坤，得此一战，玄黄始交，中孕阳精，便成震体，所以震为玄黄；地中有雷，一阳初动，劈破鸿濛，转为朔旦之复矣。

用九翩翩，为道规矩。阳数已讫，讫则复起，推情合性，转而相与。循环璇玑，升降上下，周流六爻，难以察睹，故无常位，为易宗祖。

此节言坎离二用，循环不穷，为通章结尾。乾三坤六，合而成九，乾之用九，得以兼坤，坤之用六，不得兼乾。观上文三阳三阴，皆统于乾，而坤特包承其间，可见举乾九则坤六在其中矣。况金丹大道，本诸乾性，乾乃纯阳，必炼以九转而始就，故曰："用九翩翩，为道规矩。"乾属太阳，阳穷于九，化为少阴，先天之乾一转作后天之离九，一既为九，九复为一，本来无首无尾，故曰"阳数已讫，讫则复起"，即后面所谓"一九之数，终而复始"也。坎中有金情，情在于西；离中有木性，性在于东；东西间隔，相会无因，全赖斗柄斡旋其间，金情自来归性；故曰："推情合性，转而相与。"古人设璇玑玉衡，所以象周天之运旋；只此性情二物，出日入月，一上一下，一升一降，经之为南北，纬之为东西；南北以子午为经，东西以卯酉为纬；若璇玑之循环运旋，莫测其端；此即卯酉周天之作用也，故曰："循环璇玑，升降上下。"自震到乾，自巽到坤，三阳三阴，自相消息，中间不见坎离爻位；然日往月来，月往日来，其间进退消息，莫非坎离妙用，实无可见者，故曰："周流六爻，难以察睹。"一日一月，把握乾坤，周流六虚，是谓无体之易。即此无体之易，统乎天心，为六十四卦，三百八十四爻之所从出，岂非无常位，而为易之宗祖者乎！乾元统天，配成九转，故用九为道之规矩。日月为易，本无方体，故金丹为易之宗祖，互言之也。

此章专言金丹作用，其初晦朔交会，取坎填离，情来归性，乃产一阳，是为金丹之基。既而庚方药生，从坤到乾，上升下降，配成三阳，是为金丹之用。所谓小周天火候是也。此系《参同契》中要紧关键，然必合下章观之，方尽其妙。

乾坤交媾章第十九

此章言乾坤交而结丹，应一岁之六阳六阴，乃大周天之火候也。

朔旦为复，阳炁始通，出入无疾，立表微刚。黄钟建子，兆乃滋彰，播施柔暖，黎蒸得常。

此节言一阳之动而为“复”，乃还丹之初基也。前言坎离会合，方产大药，是活子时作用，所谓一日内十二时，意所到皆可为者也；大药一产，即用先天纳甲，阳升阴降火候，谓之小周天；直待一周既毕，正子时到，方用大周天火候。何谓正子时？自震到乾，动极而静；自巽到坤，静极复动；致虚而至于极，守静而至于笃；一点真阳，深藏九地，是为亥子之交；迨时至机动，无中生有，忽然夜半雷声震开地户，从混沌中剖出天地之心，方应冬至朔旦，故曰：“朔旦为复，阳炁始通。”所谓“一阳初动处，万物未生时”，此吾身中正子时也。一阳初复，其气尚微，此时当温养潜龙，不可遽然进火，先王以至日闭关，内不放出，外不放入，皆所以炼为表卫，护此微阳，故曰“出入无疾，立表微刚”。阳炁虽微，其机已不可遏，于十二律正应“黄钟”，于十二辰正应斗柄建子，皆萌动孳长，从微至著之象，故曰：“黄钟建子，兆乃滋彰。”阳火在下，铅鼎温温，自然冲融柔暖，众阴之中，全赖此一点阳精为之主宰，故曰：“播施柔暖，黎蒸得常。”黎蒸在卦为五阴，在人为周身精炁；得常者，在卦为一阳；在人为一点阳精，主持万化之象。此言一阳来复，立大丹之基也。

临炉施条，开路生光，光耀渐进，日以益长，丑之大吕，结正低昂。

此言二阳之进而为“临”也。进到二阳，炉中火炁渐渐条畅，从此开通道路，生发光明，光耀渐渐向进，而日晷益以长矣。维时斗柄建丑，律应“大吕”，先低后昂，亦进火之象。

仰以成泰，刚柔并隆，阴阳交接，小往大来，辐辏于寅，进而趋时。

此言三阳之进而为“泰”也。三阳仰而向上，正当人生于寅，开物之会，木德方旺，火生在寅，阴阳均平，故曰：“刚柔并隆。”此时天炁下降，地炁上升，小往大来，阴阳交接，亟当发火以应之，且正月律应“太簇”，故有辐辏趋时之象。

渐历大壮，侠列卯门，榆荚堕落，还归本根，刑德相负，昼夜始分。

此言四阳之进而为“大壮”也。日出东方卯位，卯为太阳之门，在一岁为春分，二月建卯，律应“夹钟”，故曰：“侠列卯门。”进火到四阳，生炁方盛，然木中胎金，生中带杀，故榆荚堕而归根，有德返为刑之象。春分，昼夜始平，水火各半，是为上弦沐浴之时。

夬阴以退，阳升而前，洗濯羽翮，振索宿尘。

此言五阳之进而为“夬”也。五阳上升，一阴将尽，势必决而去之。三月建辰，律应“姑洗”，有“洗濯羽翮，振索宿尘”之象。如大鹏将徙南溟，则振翮激水，扶摇而上。河车到此，不敢停留，过此则运入昆仑峰顶矣。

乾健盛明，广被四邻，阳终于巳，中而相干。

此言六阳之纯而为“乾”也。四月建巳，律应“仲吕”，此时阳升到顶，九天之上，火光遍彻，金液滂流，故有“乾健盛明，广被四邻”之象。然阳极于巳，一阴旋生，阴来干阳，故曰：“中而相干。”就六阳而论，则以巳为终局，就终坤始复而论，则又以乾为中天，各取其义也。

姤始纪序，履霜最先，井底寒泉，午为蕤宾，宾伏于阴，阴为主人。

此言一阴之退而为“姤”也。六阳到乾，阳极阴生，便当退火进水，巽之一阴，却入而为主。阳火极盛之时，鼎中已伏阴水，正犹盛夏建午之月，井底反生寒泉，履霜之戒，所以系坤初爻也。阴入为主，阳返为宾，“姤”之月窟正与“复”之天根相对。午月，律应“蕤宾”，亦主宾互换之象。

遁世去位，收敛其精，怀德俟时，栖迟昧冥。

此言二阴之退而为“遁”也。六月建未，律应“林钟”，二阴浸长，阳气渐渐收敛入鼎，如贤者之遁世，潜处山林，故曰：“怀德俟时，栖迟昧冥。”

否塞不通，萌者不生，阴伸阳屈，毁伤姓名。

此言三阴之退而为“否”也。此时阳归于天，阴归于地，二气不交，万物不生，七月建申，律中“夷则”。夷者，伤也。水生在申，能侵灭阳火，故有“阴伸阳屈，毁伤姓名”之象。

观其权量，察仲秋情，任蓄微稚，老枯复荣，荠麦萌蘖，因冒以生。

此言四阴之退而为“观”也。月出西方酉位，在一岁为秋分，律应“南吕”，金炁肃杀，草木尽凋。然金中胎木，杀中带生，所以物之老者转稚，枯者复荣，荠麦之萌蘖遂因之以生，有刑返为德之象。秋分昼夜始平，水火各平，是为下弦沐浴之时。月令仲秋，同度量，平权衡，故开首曰：“观其权量。”

剥烂肢体，消灭其形，化炁既竭，亡失至神。

此言五阴之退而为“剥”也。九月建戌，律应“无射”，阴来剥阳，阳炁消灭无余，如草木之肢体剥烂无余，惟有顶上硕果巍然独存，故曰：“剥烂肢体，消灭其形。”戌为闭物之会，由变而化，神炁内守，若存若亡，故曰：“化炁既竭，亡失至神。”要知形非真灭也，以剥落之极而若消灭耳；神非真亡也，以归藏之极而若亡失耳，即是六阴返坤之象。

道穷则返，归乎坤元，恒顺地理，承天布宣。玄幽远眇，隔阂相连，应度育种，阴阳之元。寥廓恍惚，莫知其端，先迷失轨，后为主君。

此言六阴之返而为“坤”，终则复始也。十月纯阴建亥，律应“应钟”，乃造化闭塞之候，吾身归根复命之时也。盖人以乾元为性，坤元为命，有生以后，一身内外皆阴，故以坤元为立命之基，起初一阳之复，原从纯坤中透出乾元，积至六阳之乾，命乃全归乎性矣。既而一阴之姤，又从纯乾中返到坤元，积至六阴之坤，性又全归乎命矣，故曰："道穷则返，归乎坤元。"性既归命，元神潜归炁中，寂然不动，内孕大药，正犹时至穷冬，万物无不蛰藏，天炁降入地中，地炁从而顺承之，藏之用终，即是显仁之始，一点天机，生生不穷，故曰："恒顺地理，承天布宣。"天之极上处，距地之极下处，八万四千里，上极玄穹，下极幽冥，似乎远眇而不相接，然日光月精，同类相亲，如磁石吸铁，一毫不相隔阂，故曰："玄幽远眇，隔阂相连。"天中日光与地中月精，一阴一阳，及时交会，呼吸含育，滋生真种，便是先天乾元祖炁，故曰："应度育种，阴阳之元。"玄牝初交，大药将产，正当亥子中间，一动一静之间，为天、地、人至妙之机关，虽有圣哲，莫能窥测，所谓"恍惚阴阳生变化，絪缊天地乍回旋；中间些子好光景，安得工夫着语言"是也！故曰："寥廓恍惚，莫知其端。"其初混沌未分，天心在中，玄黄莫辩，故曰"先迷失轨"，既而鸿濛初剖，天根一动，万化自归，故曰"后为主君"，即《坤·彖辞》"先迷，后得主"之义也。此时一阳复生，又转为初九之震矣。

无平不陂，道之自然，变易更盛，消息相因，终坤始复，如循连环，帝王乘御，千载常存。

此节言动静相生，循环无端，为通章结尾。六阳升而进火，六阴降而退符，动极生静，静极生动，皆天道自然之运，故曰："无平不陂，道之自然。"阴阳反复，见交易变易之理，阳盛则阴必衰，阴消则阳必息，故曰："变易更盛，消息相因。"动静无端，终始无极，晦之终即朔之始，亥之终即子之始，坤之终即复之始，迎之不见其首，随之不见其尾，故曰："终坤始复，如循连环。"火候之妙，上准造化，下准人身，内可治心，外可治世。帝王乘此道以御世，则历数千年可永；丹士得此道以炼心，则法身千劫长存，故曰"帝王乘御，千载长存"。此系中篇御政末章，故结到帝王御世，正与上篇末章明堂布政相应。

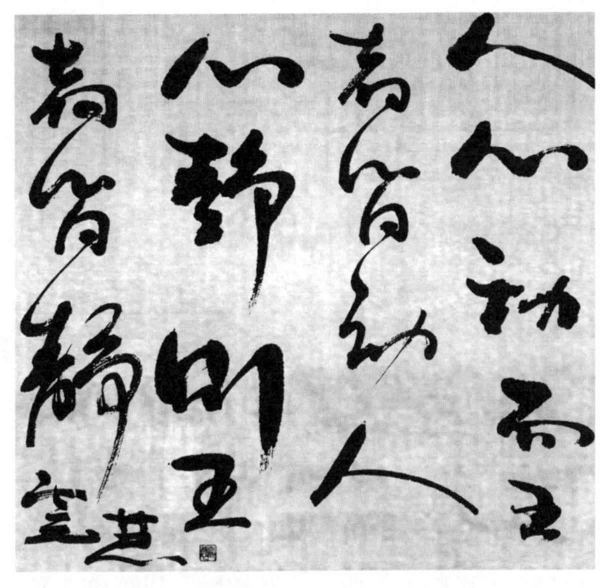

此章详言大周天火候，与上章首尾相足。盖坎离一交，方产大药，大药既产，方可采取，采取入炉，方可煅炼。上章说采取之候，此章才说煅炼之候；其采取也，须识活子时作用，直待晦朔之交，两弦合精，庚方月现，水中生金，恍惚杳冥，然后觅元珠于罔象之中，运真火于无为之内，至于月圆丹结，是谓金丹；其煅炼也，须识正子时作用，待亥子中间一阳初动，水中起火，方用闭任开督之法，吹之以巽风，鼓之以橐籥，趁此火力壮盛，驾动河车，满载金液，自太玄关，逆流上天谷穴；交会之际，百脉归元，九关彻底，金精贯顶，银浪滔天，景象不可殚述；交会既毕，阳极阴生，即忙开关退火，徐徐降下重楼，此时正要防危虑险，涤虑洗心，直到送归土釜而止；谓之"乾坤交姤罢，一点落黄庭"。丹既入鼎，须用卯酉周天，火候才得凝聚。圣胎已结，更须温养，再加乳哺之功，及乎胎完炁足，婴儿移居上田，先天元神变化而出，自然形神俱妙，与道合真，是谓九转金液还丹。然此两般作用，一内一外，有天渊之别，从上圣师口口相传，不著于文，魏公亦不敢尽泄天机，姑以一月之弦望晦朔喻金丹一刻之用，以一岁之六阴六阳喻还丹九转之功，自有真正火候秘在其中，学道遇师之士，自当得意而忘象矣。

中　卷

（中卷养性共计四章，此乃中之中也。）

此卷专言养性，而御政、伏食已寓其中，义同上篇。

性命归元章第二十

此章言性命同出一源，立命正所以养性也。

将欲养性，延命却期，审思后末，当虑其先。人所禀躯，体本一无，元精云布，因炁托初。阴阳为度，魂魄所居。

此节言养性之功，当彻究性命根源也。何谓性？一灵廓彻，圆同太虚，即资始之乾元也。何谓命？一炁絪缊，主持万化，即资生之坤元也。此是先天性命，在父母未生以前，原是浑成一物，本无污染，不假修证，一落有生以后，太极中分性成命立，两者便当兼修，然性本无去无来，命却有修有短，若接命不住，则一灵倏然长往矣。修道之士，要做养性工夫，必须从命宗下手，故曰："将欲养性，延命却期。"何谓却期？凡人之命，各有定期，其来不能却，其去亦不能却，惟大修行人，主张由我，不受造化陶冶，命既立住，真性在其中矣。人若不知本来真性，末后何归？了性是末后大事，不知欲要反终，先当原始，必须反复穷究，思我这点真性，未生以前，从何而来？既生以后，凭何而立？便知了命之不可缓矣。故曰："审思后末，当虑其先。"最后受胎之时，不过秉父精母血，包罗凝聚，结成幻躯，此乃有形之体，非真体也。我之真体，本同太虚，光光净净，本来原无一物，故曰："人所禀躯，体本一无。"及至十月胎圆，太虚中一点元精，如云行雨施，倏然依附，直入中宫神室，作我主人，于是劈开祖窍，囫地一声，天命之性，遂分为一阴一阳矣。

盖后天造化之气，若非先天元精，则无主而不能灵；先天元精，若非后天造化之气，则无所依而不能立。可见性命两者，本不相离，故曰："元精云布，因气托初。"后天造化之既分一阴一阳，阳之神为魂，魂主轻清，属东方木液；阴之神为魄，魄主重滞，属西方金精，两者分居坎离匡廓之内，故曰："阴阳为度，魄魂所居。"盖命之在人，既属后天造化，便夹带情识在内，只因本来真性，搀入无始以来业根，生灭与不生灭，和合而成八识。识之幽微者为想，想之流浪者为情，情生智隔，想变体殊，颠倒真性，枉入轮回矣。所以学人欲了性者，当先了命。

阳神日魂，阴神月魄，魂之与魄，互为室宅。性主处内，立置鄞鄂；情主营外，筑为城郭。城郭完全，人民乃安。

此节正言后天立命之功。后天一魂一魄，分属坎离，盖以太阳在卯，故离中日魂为阳之神。太阴在酉，故坎中月魄为阴之神。两者体虽各居，然离己日光，正是月中玉兔，日魂返作阳神矣；坎戊月精，正是日中金乌，月魄返为阴神矣。故曰："魂之与魄，互为室宅。"后天两物虽分性命，其实祖性全寄于命，盖一落阴阳，莫非命也；且命元更转为情，盖阴阳之变合，莫非情也。惟其性寄于命，故离中元精，坎中元炁，总谓之命；惟其命转为情，故日中木魂，月中金魄，总谓之情。只在祖窍中一点元神，方是本来真性。元神为君，安一点于窍内，来去总不出门；岂非"性主处内，立置鄞鄂"乎？精气为臣，严立堤防，前后左右，遏绝奸邪；岂非"情主处外，筑为城郭"乎？堤防既固，主人优游于密室之中，不动不摇，不惊不怖，故曰："城郭完全，人民乃安。"始而处内之性，已足制情，既而营外之情，自来归性，宾主互参，君臣道合，此为坎离交会，金丹初基，立命，正所以养性也。

爰斯之时，情合乾坤。乾动而直，炁布精流；坤静而翕，为道舍庐。刚施而退，柔化以滋。

此节言后天返为先天也。后天坎离，即是先天乾坤，只因乾坤一破，性转为情，从此情上用事，随声逐色，不能还元。至于两物会合，城郭完而鄞鄂立，则情来归性，离中之阴复还于坤，坎中之阳，复还于乾矣。故曰："爰斯之时，情合乾坤"。乾性至健，静则专而动则直，一点元神为精炁之主宰，至刚至直而不可御，故曰"乾动而直，炁布精流"。此言元神之立为鄞鄂，即所谓乾元资始者也。坤性至顺，动则辟而静则翕，乾中真气流布，坤乃顺而承之，一点元神絪缊化醇，韫养在中黄土釜，故曰："坤静而翕，为道舍庐。"此言元神之本来胞胎，即所谓坤元资生者也。乾父刚而主施，不过施得一点真气；坤母柔而主化，须在中宫时时滋育，方得成胎。故曰："刚施而退，柔化以滋。"此言坎离会合，产出先天元神，即金丹妙用也。

九还七返，八归六居，男白女赤，金火相拘，则水定火，五行之初。

此节言四象五行，混而为一炁也。坎离既复为乾坤，则后天之四象、五行无不返本还原矣。何以言之？天一生水，地六成之，北方之精也；地二生火，天七成之，南方之神也；天三生木，地八成之，东方之魂也；地四生金，天九成之，西方之魄也。水、火、木、金为四象，并中央戊己土为五行。究竟所谓四象、五行，只是坎离两物。坎卦从坤而出，北方之水属阴，本数得六，加以天一之阳，便合成七数；离卦从乾而出，南方之火属阳，本数得七，加以地二之阴，便合成九数。今者北方之坎，返而归乾，南方之离，还而归坤，岂非九还七返之象乎？北方之一归于南方之七，共得八数；南方之二归于北方之六，亦得八数；而独云居者，盖北方之一既归于南，止存水之成数。居其所而不迁，恰好六数矣，岂非"八归六居"之象乎？又须知四象原是两物，既然"九还七返"，自然"八归六居"矣。故《悟真篇》单言还返，益见造化之妙。二与七并配成西方之金，色转为白，一与六并配成南方之火，色转为赤。白属金，赤属火，取西方之金，炼以南方之火，故曰："男白女赤，金火相拘。"天一之水，从乾宫而出，原是太阳真火；地二之火，从坤宫而出，原是太阴真水；直到一返一还，方得以水归水，以火归火，复其原初本体，故曰："则水定火，五行之初。"前云金火，此又何以云水火？盖后天造化之妙，只是一坎一离，而千变万化，各异其名，以言乎坎离本位，则曰水火；以言乎两弦之气，则曰金水；以言乎甲庚之用，则曰金木；以言乎伏炼之功，则曰金火；颠倒取用，不可穷诘，究只是水火二物，后天水火，虽分二物，究只是先天一炁。坎离既已复为乾坤，即此便是"九还七返，八归六居"，而化作先天一炁矣。

上善若水，清而无瑕，道之形象，真一难图，变而分布，各自独居。

此节言先天一炁为大丹之基也。盖道本虚无，始生一炁，只此一炁鸿濛未分，便是先天真一之水，非后天有形之水也。学道之士，若能摄情归性，并两归一，才复得先天真水，水源至清至洁，此时身心打成一片，不染不杂，自然表里洞澈，有如万顷冰壶，故曰："上善若水，清而无瑕。"大道离相离名，本无形象，及其生出一炁，似乎可得而形容矣。然此真一之炁，杳冥恍惚，形于无形，象于无象，非一切意识可以卜度揣摩而得，故曰："道之形象，真一难图。"真一之水，便是中宫一点鄞鄂，所谓太乙含真炁也。合之为一炁，分之则为二物，又分之则为四象五行，交会之时，五行变化，全在中央，既而木仍在东，金仍在西，火仍在南，水仍在北，各居其所矣，故曰："变而分布，各自独居。"此段言真一之水，实为丹基。《入药镜》所云"水乡铅，只一味"是也。学者若知攒五合四，会两归一之旨，鄞鄂成而圣胎结矣。

类如鸡子，白黑相符，纵横一寸，以为始初。四肢五脏，筋骨乃俱，弥历十月，脱出其胞，骨弱可卷，肉滑若饴。

此节特显法身之形象也。圣胎初凝，一点元神潜藏神室，混混沌沌，元黄未剖，黑白未分，有如鸡子之状，故曰："类如鸡子，白黑相符。"神室中间，方圆恰好径寸，法身隐于其中，优游充长，与赤子原初在母腹中一般造化，故曰："纵横一寸，以为始初。"温养真胎，必须从微至著，始而成象，继而成形，四肢五脏，并筋络骨节之类，件件完备，具体而微，故曰："四肢五脏，筋骨乃俱。"须知四象五行包络法身，便如四肢五脏，法身渐渐坚凝，便如筋骨，非真有形象也。温养既足，至于十月胎完，赤子从坤炉中跃然而出，上升乾鼎，从此重安炉鼎，再造乾坤，别有一番造化，我之法身，才得通天彻地，混合太虚，故曰"弥历十月，脱出其胞"，而有"骨弱可卷，肉滑如饴"之象矣。此段言法身形象，与母胎中生身受炁之初，同一造化，但顺则生人，逆则成丹，有圣与凡之别耳！

此章是养性第一关键，与上篇两窍互用章相应。

二炁感化章第二十一

阳燧以取火，非日不生光，方诸非星月，安能得水浆。二炁玄且远，感化尚相通，何况近存身，切在于心胸。阴阳配日月，水火为效征。

此章言水火两弦之炁，以同类相感也。上章言"魂之与魄，互为室宅"，即水火两物也。金丹之道，以日月为体，以水火为用；体则互藏，用则交入；日月非水火，体无所施；水火非日月，用无所出；近取诸身，远取诸物，莫不皆然。阳燧是火珠，形如铜镜，其体中实，象坎中一阳，此物秉太阳火精，故世人用以取火，然必向日中取之，才能得火。只因这点真阳，原是日魂之光，日为光之所聚，阳燧为光之所招，以火取火，安得不灵？故曰："阳燧以取火，非日不生光。"方诸是蚌珠，其体中虚，象离中一阴，此物秉太阴水精，故世人用以取水，然必向月下取之，才能得水。只因这点真阴，原是月魄之精，月为精之所藏，方诸为精之所摄，以水取水，安得不应？故曰："方诸非星月，安能得水浆？"此即坎离互用之旨也。天上之日月，与世间之水火，相去不知几万里，可谓玄且远矣，然而隔阂潜通，如磁吸铁，正以同类易亲，故二炁自为感化而相通也。远取诸物，无情者尚且相感如此，矧近取诸身，有情之真水真火，切在方寸之间，至虚至灵，一呼即应，两弦真炁，有不相感化者乎？所以离中真水，往而流戊；坎中真火，来而就己，假法象而采太阴之精，立鼎器以聚太阳之炁，自然同类相从，结成鄞鄂。盖真阴真阳，互藏其宅，便是吾身之日月；日光月精，相胥为用，便是吾身之水火。其间采取感召，全仗中黄真意，即吾身阳燧、方诸之妙用也，故曰："阴阳配日月，水火为效征。"

此章专言二物相感，同气相求，发明大易性情宗旨。盖寂然不动，性之体也；感而遂通，情之用也。离之情常在于北，坎之情常在于南，此日月之所以合璧，而水火之所以交也。离中真水，复归于北，坎中真火，复归于南，此乾坤之所以还元，而鄞鄂之所以立也。《周易》上经，首乾坤，取其定位以立体也。下经，首咸恒，取其交感以致用也；泽上山下，其卦为咸。孔子翼之曰"二气感应以相与"，又曰："天地感而万物化生"，可见天地间，只此二气，顺而相感则生物，逆而相感则成丹。况兑艮二体正应上下两弦，即兑艮交感之用，以还乾坤不易之体，岂不犹阳燧方诸之相取者乎！噫，此人人具足之真易也。

关键三宝章第二十二（章名从旧）

此章言关键三宝，内真外应，乃养性之要功也。

耳、目、口三宝，闭塞勿发通，真人潜深渊，浮游守规中。

此节统言关键三宝之要道也。修道之士，有内三宝，有外三宝。元精、元气、元神，内三宝也；耳、目、口，外三宝也。欲得内三宝还真，全在外三宝不漏。《阴符经》所谓"九窍之邪，在乎三要"是也。下手之初，必须屏聪黜明，谨闭兑口，真元方不外漏，故曰："耳目口三宝，闭塞勿发通。"外窍不漏，元神内存，前后会合，中间有一无位真人潜

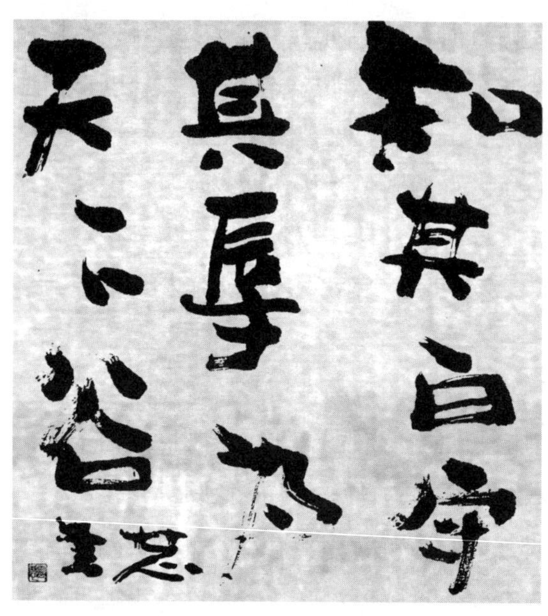

藏深渊之中，深渊乃北极太渊，天心之所居，即玄关一窍也。玄关在天地之间，上下四方之正中，虚悬一穴，其大无外，其小无内，谓之规中，中有主宰，谓之真人，守而勿失，谓之抱一。然其妙诀，全在不勤不怠，勿助勿忘，有浮游之象，故曰：“真人潜深渊，浮游守规中。”此四句乃养性之要功，一章之纲领也。

旋曲以视听，开阖皆合同，为己之枢辖，动静不竭穷。离炁纳荣卫，坎乃不用聪，兑合不以谈，希言顺鸿濛。

此节详言三宝关键工夫。坎属水，是为玄门；离属火，是为牝户；兑为口，内应方寸。学人入室之时，当收视返听，转顺为逆，其门户之一开一阖，皆与玄牝内窍相应，故曰：“旋曲以视听，开阖皆合同。”坎中纳戊，离中纳己。戊土属阳，主动；己土属阴，主静。然离中一阴，体虽静而实则易动，憧憧往来，不可禁止，惟赖坎中真阳，出而钤制之。若门之有枢，车之有辖，庶乎一开一阖，动静各有其时，而元炁不致耗竭矣，故曰：“为己之枢辖，动静不竭穷。”玄窍中先天祖炁，本来鸿濛未剖，惜乎前发乎离以泄其明，后发乎坎以泄其聪，中发乎兑以开其门，三者俱散而不收，先天之炁所存者几何哉！必也默默垂帘，频频逆听，则坎离之炁不泄矣，故曰：“离炁纳荣卫，坎乃不用聪。”括囊内守，混沌忘言，则兑口之气不泄矣，故曰：“兑合不以谈，希言顺鸿濛。”

即所谓“耳目口三宝，闭塞勿发通”者也。此中秘密，全在口字，此口是玄关一窍，吞吐乾坤，因天机不可尽泄，姑取兑象，非世人饮食之口也，必须真师指示，方知其妙。

三者既关键，缓体处空房，委志归虚无，无念以为常。证难以推移，心专不纵横，寝寐神相抱，觉悟候存亡。

此节详言潜渊守中工夫。耳、目、口三者既已关键严密，一毫不泄，则我之真人，自然不扰不杂，优游于深渊之中，此中空空洞洞，别无一物，有若空房然，故曰：“三者既关键，缓体处空房。”先天一炁，原从虚无中来，必委致其志，虚以待之，至于六根大定，一念不生，方得相应；然所谓无念，只是常应常静，不出规中，非同木石之蠢然也。无念之念，是为正念，正念时时现前，方可致先天一炁，而有得药之时，故曰：“委志归虚无，无念以为常。”此事人人具足，本不难取证，有如立竿见影；世人取证之难，正以心志不专，时刻推移，纵横百出，遂望洋而返耳；倘入室之时，心志专一，推移不动，绝无纵横之病，则可以得之于一息矣，有何难证之道乎！故曰：“证难以推移，心专不纵横。”此心既不动移，十二时中，行住坐卧，不离规中，即到寝寐之时，向晦晏息，一点元神自然与元炁相抱，如炉中种火相似；犹恐或致昏沉，必须常觉常悟，冥心内照，察规中之消息，候真种之存亡，故曰：“寝寐神相抱，觉悟候存亡。”如此用心，何虑金丹不结、真人不现？此即“真人潜深渊，浮游守规中”之节度也。

颜容寝以润，骨节益坚强，辟却众阴邪，然后立正阳。修之不辍休，庶炁云雨行，淫淫若春泽，液液象解冰。从头流达足，究竟复上升，往来洞无极，怫怫被谷中。

此节言结丹之证验也。凡人之形神本不相离，真种一得，表里俱应，自然颜色润泽，骨节坚强，辟除后天阴邪之物，建立先天正阳之炁。盖一身内外，莫非阴邪，先天阳炁一到，阴邪自然存留不住，更能行之不辍，其效如神。周身九窍八脉，三百六十骨节，八万四千毛孔，总是太和元炁流转。但见如云之行，如雨之施，如泽之润，如冰之解，从昆仑顶上降而到足，复从涌泉穴底升而到头，彻头彻底，往来于空洞无涯之中，不相隔碍。盖天地间，山川土石俱窒塞而不通，惟有洞天虚谷，窍窍相通。人身亦然，肌肉骨节，俱窒碍而不通，惟有玄窍虚谷，脉脉相通，与造化之洞天相似。元炁往来，洞然无极，正往来于虚谷之中也，故曰："往来洞无极，怫怫被谷中。"此与上篇"黄中渐通理，润泽达肌肤"相似，俱金丹自然之验。

反者道之验，弱者德之柄，耘锄宿污秽，细微得调畅。浊者清之路，昏久则昭明。

此结言金丹之超出常情也。何谓反？常道用顺，丹道用逆，颠倒玄牝，抱一无离，方得归根复命，岂非反者道之验乎？何谓弱？坚强者死之徒，柔弱者生之徒，专炁致柔，能如婴儿，自然把柄在手，岂非弱者德之柄乎？且辟却阴邪，则身中一切宿秽，悉耘锄而去尽矣。正阳既立，则元炁透入细微，悉调畅而无间矣。至于金丹始结，脉住炁停，复返混沌，重入胞胎，似乎昏而且浊，此吾身大死之时也。久之绝后再苏，亲证本来面目，自然纯清绝点，慧性圆通，大地乾坤俱作水晶宫阙矣，故曰："浊者清之路，昏久则昭明。"前段言形之妙，此段言神之妙，形神俱妙，方能与道合真。此章专言关键三宝，乃是守中抱一，养性第一步工夫，与上篇炼己立基章相应。

附　录

抱一子曰："耳不听，则坎水内澄；目不睹，则离火内营；口不言，则兑金不鸣，三者既闭，则真人优游于其中。"

又曰："七门既返，殆若忘生，百脉俱沉，形气消尽，力弱不支，昏浊如醉，此乃道之验、德之柄也。昏者明之基，浊者清之源，自兹以往，圆明洞照，虚彻灵通，莫不自昏浊始矣。”

俞玉吾曰：“反者，反复也。修丹效验，在乎虚极静笃，与天地冥合，然后元炁从一阳而来复。弱者，柔弱也。修丹把柄，在乎持其志，无暴其气，如婴儿之柔弱，庶几可以返本还原。”

旁门无功章第二十三（章名从旧）

世人好小术，不审道浅深，弃正从邪径，欲速阏不通。犹盲不任杖，聋者听宫商，没水捕雉兔，登山索鱼龙，植麦欲获黍，运规以求方，竭力劳精神，终年不见功。欲知伏食法，至约而不繁。

此章决言旁门之无功也。学道者，先要知道之与术，天渊迥别。性命全修，复归无极，谓之大道；一机一诀，自救不了，谓之小术。金丹大道，难遇易成，一切旁门小术，易遇难成。奈何世间愚民，胸中茅塞，既不辩浅深，眼孔模糊，又不识邪正，往往背明投暗，弃正从邪，本求欲速成功，反致阏绝不通，永断人道之路，岂不哀哉！不知先天性命，超出形器之表，却妄认后天精炁，身中摸索，茫无影响，随人颠倒，毫无决择，此犹盲者之无拄杖，聋者之听宫商也。不悟先天阴阳，自家同类之物，却猜做世间男女，向外采取，流于淫邪，伤生败德，莫此为甚，此犹入水而捕雉兔，登山而索鱼龙也。不思先天铅汞，本来无质无形，却去烧茅弄火，乾汞点铜，诳惑凡愚，败身忘家，此犹种麦而转思获稻，运规而妄意求方也。此等旁门，费尽一生精力，穷年卒岁，到老无成，却谤祖师妄语，不知金丹伏食之法，至简至要，有作以原其始，无为以要其终，与天地造化同一功用，虽愚昧小人，得之立跻圣位，岂可与旁门小术同日而论哉！以上举旁门之非，特识其大略耳。究而论之，禅家有九十六种外道，玄教有三千六百旁门，千差万别，不可殚述。所以正阳祖师有《正道歌》，翠虚真人有《罗浮吟》，以致李清庵之《九品说》，陈观吾之《判惑歌》，皆历数旁门外道之差，以觉悟世人聋瞽。惜乎世人不悟，仍旧谬种传流，有增无减，良可悲也！以上仅标大略，要当摘取诸真言句，另为指述一书，与同志共参之。

下　卷

（下卷伏食共计八章，此乃中之下也。）

此卷言伏食，而御政、养性已寓其中，义同上篇。

性情交会章第二十四

此章言木性金情自相交会，以成伏食之功也。

太阳流珠，常欲去人，卒得金华，转而相因，化为白液，凝而至坚。

此节言两物之性情合而成金丹也。先天之体为性命，乾坤是也，后天之用为性情，坎离是也。自乾坤破为坎离，性情之用著而性命之体隐，顺之则为凡矣。惟坎离复交为乾坤，因性情之用以还性命之体，逆之则成圣矣。至于后天，坎离中又分体用，以真阴真阳为体，体属水火；以两弦之气为用，用属金木，不可不辨。乾属太阳真性，本来寂然不动，只因交入坤中一阴，性转为情，遂成离中木汞。自此阴精用事，离光顺流向外，恍惚不定，有流珠之象。乾既成离，其中一阳走入坤宫，坤属太阴元命，既得乾中一阳，命转作性，遂成坎中金铅。此点金炁精华，只在坎水中潜藏，杳冥不测，有金华之象。离中灵物，刻刻流转，本易走而难捉，捉之愈急，去之愈速，赖得坎中一点真铅，逆转以制之，真汞一见真铅，才不飞走，故曰："太阳流珠，常欲去人。卒得金华，转而相因。"铅入汞中，汞赖铅之拘钤，铅亦得汞之变化，两物会入黄房，合成一炁，其炁先液而后凝，故曰："化为白液，凝而至坚。"白者，金色；至坚者，金性也。盖金来归性，已结而成丹矣，此通章之纲领也。

金华先倡，有顷之间，解化为水，马齿瓓玕，阳乃往和，情性自然。

此节言两物交并，自相倡和也。坎男主倡，离女主和。坎中一阳，本自难于出炉，及其时至而出也，只在一弹指间，故曰“金华先倡，有顷之间”。水中生金，金中复能化水，盖金华之液，即真一之水也。絪缊活动，无质生质，渐渐坚凝，有若马齿瓓玕之状，故曰：“解化为水，马齿瓓玕。”坎中之金液既升，离中之木液乃从而和之，一东一西，间隔已久，幸得真意勾引，相会黄房，木性爱金，金情恋木，一倡一和，出于性情之自然，非人力可强而致，故曰：“阳乃往和，情性自然。”阳即上文太阳流珠，以其外阳内阴，易于逐物流走，主和而不主倡，惟与金华之真阳相匹为夫妇，方不流走，此时已转为真阴，故有妇道颠倒之妙，不可不知。

迫促时阴，拘畜禁门。慈母育养，孝子报恩，严父施令，教敕子孙。

此节言拘历两物，会中宫而产真种也。坎中之金华既升，离中之流珠即降，两弦之炁相交，只在一时，时不可失，当以真意迫促之。两物相交，正当虚危中间，此时宜禁闭地户，翕聚真气，不可一毫泄漏，故曰：“迫促时阴，拘畜禁门。”真种既归土釜，全赖中宫坤母为之温养哺育，始而母去顾子，如雌鸡之伏卵，时时相抱；既而子来恋母，若慈乌之反哺，刻刻不离，故曰：“慈母养育，孝子报恩。”真种既存中宫，外面最要严谨堤防，牢镇八门，环匝关闭，不可一毫放松。譬如子当幼小之时，养育固愿慈母，教敕全仗严父，故曰：“严父施令，教敕子孙。”慈母喻文火在神室中温养；严父喻武火在门户间堤防；孝子喻真种，即金华流珠，两物所结成者。自迫促时阴，至此，俱属金丹作用，只在一刻中。

五行错王，相据以生，火性销金，金伐木荣。三五为一，天地至精，可以口诀，难以书传。

此节言作丹之时，五行颠倒之妙也。常道之五行，俱从顺生，如金生水，木生火之类，顺流无制，必至精气耗散，去死不远，生机转作杀机，所谓生者死之根也。丹道之五行，全用逆转，如流珠本是木龙，却从离火中取出；金华本是金虎，却从坎水中取出；水火互藏，金木颠倒，方得归根复命，劫外长存，杀机转作生机，所谓死者生之根也，故曰：“五行错王，相据以生。”错王者，即子南午北，互为纲纪之意也。相据者，即龙西虎东，建纬卯酉之意。以常道言之，金在矿中，无由自出，木带阴气，岂能滋生？必先用南方木中之火，去煅北方水中之金，销矿存金，金华始得发露，旋用西方水中之金，来制东方火中之木，伐去阴气，木液方得滋荣，故曰：“火性销金，金伐木荣。”此即“五行错王，相据以生”之旨也。东三南二，合成一五；北一西四，合成一五；中央戊己真土，自成一五；是谓三五。混南北，并东西，攒簇于中土之内，是之谓一。三五合而为一，乃造化至精至妙之理，把握乾坤，包括《河》《洛》，其间作用，必须真师口口相授，岂能笔之于书哉！故曰：“三五为一，天地至精，可以口诀，难以书传。”此段言颠倒二物，则五行复归于一。末篇《法象章》云：“本之但二物兮，末乃为三五；三五并为一兮，都集归一所。”印证甚明。

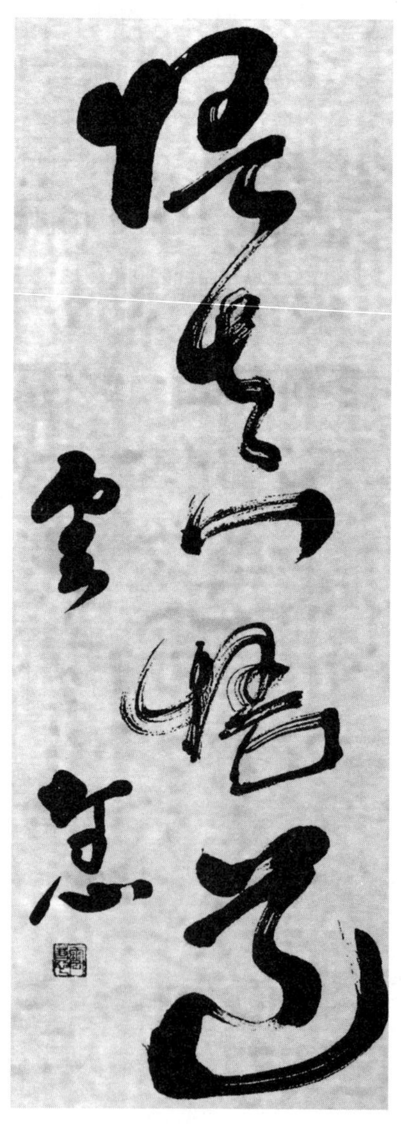

子当右转，午乃东旋，卯酉界隔，主客二名。

此节言金木间隔，当加沐浴之功也。以常道五行言之，木生在亥，震木生于坎水，是谓“龙从水里出”；金生在巳，兑金产自火，是为“虎向火中生”。丹道逆用则不然，从子右转到未，自北而西，以讫于南，中藏酉金，则金华产于坎中，而为上弦之气，所谓“虎向水中生也”；从午逆旋到丑，自南而东，以至于北，中藏卯木，则流珠取之离内，而为下弦之气，所谓“龙从火里出”也。但当子南午北，水火交入之时，一金一木，界限其中。木性在东为主，金情在西为客，未免性情间隔，宾主乖违。此时须用沐浴之法，万缘尽空，一丝不挂，存真意于规中，和合金情木性。至于金返在东，转而为主，木返在西，转而为客，主客互易其名，两弦之气始合而为一矣。只此性情二物，自其相倡和而言，则为夫妇；自其相生而言，则为母子；自其相制而言，则为父子；自其互换而言，则又为主客。颠倒莫测，正见天地至精之理。

龙呼于虎，虎吸龙精，两相饮食，俱使合并，遂相衔咽，咀嚼相吞。

此节言两物之相并也。五行相据，主客既已互换，则木龙反据酉位，而呼黑虎之气，金虎反据卯位，而吸赤龙之精，故曰：“龙呼于虎，虎吸龙精。”于是两者性情系恋，恣意交欢，相与饮食，合并为一，且其合并之时，遂相衔相咽，吞入口中，而结一黍之丹矣。此段说两物之相交并，从上文相据以生透出，专发食字之义。

荧惑守西，太白经天，杀炁所临，何有不倾？狸犬守鼠，鸟雀畏鹯，各得其性，何敢有声？

此节言两物之相制也。五行错王，火性既能销金，则火入西方金乡，而为荧惑守西之象。金性既能伐木，则金乘东方木位，而为太白经天之象。火克金，金转克木，右旋一周，无所不克，但取逆制，全用杀机，故曰：“杀气所临，何有不倾。”木见金，金见火，其情性自然降伏；譬若狸犬之捕鼠，鸟雀之畏鹯，一见即便擒住，两下寂然无声，非强之使无声也，其性然也。业已各得其相制之性，而何敢有声哉！此段言两物之相钤制，从上文五行错王，透出专发“伏”字之义。盖惟相并而不碍其相制，此生机之即寓于杀机也。惟相制而始得以相并，此杀机之逆转为生机也。一伏一食，方成还丹。篇中伏食大义，昭昭如是，迥非旁门所谓服食之术也。

附　录

抱一子曰：“人命在卯，日出于卯，而万物仰之以生，是则万物皆借太阳之精以立命矣。太阳流珠者，命宝也。奈此命宝，寓神则营，营而乱思；寓精则持盈而难保，故曰常欲去人，须得金华而制伏之。”

审察真伪章第二十五

此章言道有真伪，当辨伪而存真也。

不得其理，难以妄言。竭殚家材，妻子饥贫。自古及今，好者亿人，讫不谐遇，希有能成。广求名药，与道乖殊。如审遭逢，睹其端绪，以类相况，揆物终始。

此节言伏食有真伪，学道者所当早辨也。金丹大道，范围天地，包括易象，其理最为广大精微，必须洞晓阴阳，深达造化，方知其奥，岂不得其理者，可率意而妄谈哉！不得其理，而妄谈妄作，往往流于炉火之术。至于家财竭殚，妻子饥贫，尚不觉悟，良可悯也。自古到今，好道者不啻千亿，但好者未必遇，遇者未必成，学道者如牛毛，成道者如兔角，良以抛却自家性命，却去入山觅汞，掘地寻铅，广求五金八石，认作不死之药，所以与大道一切乖殊耳。学人参师访道，当先具一只眼，倘有所遇，必察其端绪之所在，是真是伪；若是真师，决定洞晓阴阳，深达造化，只消叩以性命根源，并同类相亲，五行逆用之旨，彻始彻终，不得一毫模糊，则药物之真伪可得而揆，师承之真伪亦可得而决矣。故曰："以类相况，揆物终始。"

五行相克，更为父母，母含滋液，父主秉与。凝精流形，金石不朽，审专不泄，得成正道。立竿见影，呼谷传响，岂不灵哉，天地至象！

此节言五行逆克，以结大丹，正端绪之可睹者也。常道之五行，以相生为父母；丹道之五行，转以相克为父母；盖不克则不能生，杀机正生机之所在也；如金克木者也，然金才一动，便生出水来，木炁贪水之生，忘金之克，克者为父，克而能生者即为母矣；推之五行，莫不皆然，故曰："五行相克，更为父母。"母道属坤，主于资生，以静翕为德，交媾之时，既受真种于乾父，只在中宫滋育，渐成婴儿，故曰："母含滋液。"盖母取贪生忘克之义，即上章所云"慈母养育"也。父道属乾，主于资始，以动直为德，交姤之初，业已气布精流，生炁施之于坤母，即是真种，故曰："父主秉与。"盖父取以克为生之义，即上章所云"严父施令"也。一生一克，秉与者凝聚资始之精；滋液者，流布资生之形；两者妙合，结成真胎，即上章所云"五行错王，相据以生"也。工夫到此，进进不已，法身便得长存，同金石之不朽，惟赖审固专一，而无一毫泄漏，方得成其至道耳。彻始彻终，只是以克为生，方见五行颠倒之妙。若知其妙，大丹立就，譬之立竿而影即见，呼谷而响即传，造化自然之法象，岂不至灵且验哉！比皆真道之验，其端绪可得而睹者，岂旁门伪术，所得而混入也。

若以野葛一寸，巴豆一两，入喉辄僵，不得俯仰。当此之时，周文揲蓍，孔子占象，扁鹊操针，巫咸叩鼓，安能令苏，复起驰走？

此节更端设喻，以见伏食之灵验也。世人但知毒药入口，死者不可复生，岂知金丹入口，生者不可复死。毒药入口，虽神圣不能令其复苏；金丹入口，虽造物能令其复死乎？惜乎世人明于彼，而独暗于此也。

且金丹既已入口，纵使啖以野葛，投以巴豆，亦不得而杀之矣。可见五行相克，凝精流行，金丹伏食之妙，洵若立竿而影即见，呼谷而响即传，讵可与非种之伪道同日而论哉！

此章专辨伏食之真伪，为万世学道人开一只眼，庶不被盲师瞒过耳。

铅汞相投章第二十六

此章言真铅真汞，两物相制而为用也。

河上姹女，灵而最神，得火则飞，不见埃尘，鬼隐龙匿，莫知所存，将欲制之，黄芽为根。

此节言以铅制汞，乃金丹之作用也。离本太阳乾体，性之元也，中藏一阴，系坤中真水，即是真汞，以其雄里包雌，又名姹女。坎本太阴坤体，命之元也，中藏一阳，系乾中真金，即是真铅，以其水中生金，又名黄芽。姹女喻后天之心，先天之性，本来寂然不动，转作后天之心，有感即通，潜天潜地，至灵至神，一刹那间，上下四方，往古来今，无所不遍，故曰："河上姹女，灵而最神。"以分野而言，午属三河之分，离火所居，兼取情欲顺流之义。人心本来至灵，只因夹杂后天情识，未免易于逐物，所以触境便动，遇缘即生，刻刻流转，一息不停，正类世间凡汞，见火即便飞走，无影无踪，不可捉摸，故曰："得火则飞，不见埃尘。"当其飞走之时，若鬼之隐藏，龙之伏匿，虽有圣者，莫测其去来所在，即孔子所谓"出入无时，莫知其乡"也。故曰："鬼隐龙匿，莫知所存。"姹女本离中之阴，故取鬼象。离中之阴，本属木汞，又取龙象。灵汞之易失而难持若此，要觅制伏之法，须得坎中真铅。盖坎中一阳，本出乾金，原是我家同类之物，顺之则流而为情，逆之则转而为性，金来归性，返本还原，黄芽得与姹女配合，若君之制臣，夫之制妇，自然不动。张平叔所谓"要须制伏觅金公"是也。故曰："将欲制之，黄芽为根。”此专言两物相制，与前流珠、金华同旨。

物无阴阳，违天背元，牝鸡自卵，其雏不全，夫何故乎？配合未连。三五不交，刚柔离分，施化之道，天地自然。

此节言独修一物之非道也，一阴一阳之谓道。凡物偏阴无阳，偏阳无阴，俱非乾元资始、坤元资生之理，故曰：“物无阴阳，违天背元。”鸡之伏卵，先入一点真阳在内，渐渐伏之，方得成雏，但有雌而无雄，其雏必不成矣。此何以故？以其孤阴乏阳，配合未连也。丹道亦然，必须东三、南二、北一、西四，四象并为两物，会到中央真土，同类相求，合成三五，方结圣胎。若三五之炁不交，总是孤阴寡阳，一刚一柔，各自离群分散，真胎何由结乎？盖阳主施精，阴主受化，乃一阴一阳，天地自然之道。无论凡胎圣胎，同一造化，不得独修一物明矣。然此一阴一阳，便是乾元坤元，本来真性真命，兼修并证，方称金丹大道。修命不修性，修性不修命，总谓之违天背元。旁门不悟，往往流入于采补，何异避溺而投火，哀哉！

火动炎上，水流润下，非有师导，使之然也。资始统正，不可复改。

此节言两物相交，各返其元性也。真阴真阳之用，莫若水火，火性阳而主动，动必炎上；水性阴而主流，流必润下。岂若有情之物，从师训导而使然哉！特以资始之初，水润火炎之性，本自确然各正，后来岂能改易！观造化即知吾身矣。吾身坎中之火，恒欲就燥而炎上，秉乾父之性也；离中之水，恒欲流湿而润下，秉坤母之性也。如是秉受，亦当如是归元，此坎男离女之所以各返其本，而乾父坤母之所以各复其初也。《入药镜》云：“水能流，火能焰，在身中，自可验。”此之谓也。

观夫雌雄，交媾之时，刚柔相结，而不可解。得其节符，非有工巧，以制御之。男生而伏，女偃其躯，禀乎胞胎，受炁之初，非徒生时。著而见之，及其死也，亦复效之。此非父母，教令其然，本在交媾，定置始先。

此节以男女交媾，喻坎离之返本也。欲知水流火动之理，当即世间法观之。世间一男一女交姤之时，自然刚者在上，柔者在下，若物之固结而不可解。又若合符节，而一定不可移，此岂有良工巧术以制之使然，自其初生之时而已然矣。盖男子之生，其躯必伏，伏者，性情一定向内；女子之生，其躯必偃，偃者，性情一定向外。从父母胞胎中，生身受炁之初，一刚一柔，体质已定，特著见于有生之后耳。且不徒著见于生时也，死时亦然。人有溺死水中者，依旧男伏女偃，此非父母谆谆诲之。令其如此，但当初父母交姤之时，刚者据上，即乾道成男之象，柔者据下，即坤道成女之象，男女之位置已先确定于腹中，既生之后，男女之一偃一伏，确有定置，得不如其交姤之初乎！既识世法，便知道用，

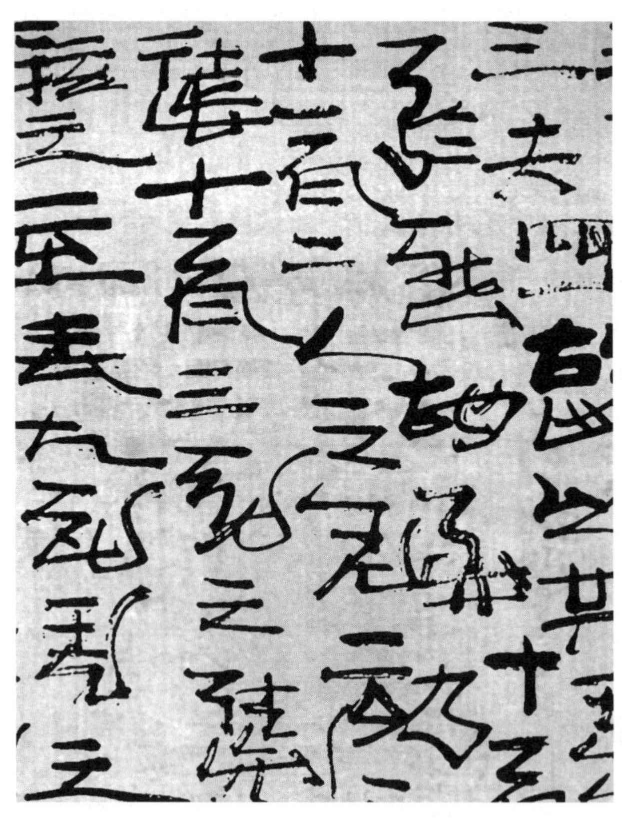

先天乾上坤下，即吾身之父母也；后天离上坎下，即吾身之男女也。火之炎上，坎男之性情也；水之润下，离女之性情也。坎男离女之性情，即乾父坤母之性情也。乾本定位居上，坤本定位居下，迨乾父坤母交媾而成坎离，位置虽更，性情不易，所以坎中之火，乃欲炎上，离中之水，仍欲润

下，各思返本还原，归其同类。至于坎男离女，再一交媾，适还天上地下之常，而先天之性命复矣。乾坤交而为坎离，犹男女之初生而一偃一伏也，秉受固如是也。坎离复交而为乾坤，犹男女之既死，而仍一偃一伏也，归元亦如是也。所谓“资始统正，不可复改”者也。

制炼魂魄章第二十七

此章言日魂月魄，两者相制而成金丹也。

坎男为月，离女为日，日以施德，月以舒光。月受日化，体不亏伤。

此节言日月交并，颠倒互用之奥也。丹道以坎离为药物，即是日之魂，月之魄。在造化，以日月返照，互藏天魂地魄；在人身，以水火既济，互取日光月精；其相制之理一也。上章以男生而伏，女偃其躯，寓言坎离两物。盖男处外而向内，女处内而向外，两象颠倒之妙，已在其中。坎属北方真水，应天上之月，月是太阴水精，坤象也，本当称女，奈中藏乾家太阳真火，魄中有魂，取象玉兔，所以反是男。离属南方真火，应天上之日，日是太阳火精，乾象也，本当称男，奈中藏坤宫太阴真水，魂中有魄，取象金乌，所以反是女。即《悟真篇》所谓：“日居离位反为女，坎配蟾宫却是男。”颠倒之妙也。离体本来是乾，乾父动而处外，惟转作离女，其性情全向乎内，所以日光虽主外用，却时时与太阴返照，一点阳光敛在阴魄之中，离体以出为入，故曰：“日以施德。”坎离本来是坤，坤母静而处内，惟转作坎男，其性情全向乎外，所以月精虽主内藏，却时时感召太阳之炁，全体阴魄借阳魂以为光，坎体以入为出，故曰：“月以舒光。”以颠倒言之，入内者为女，出外者为男。以本体言之，则施精者又为男，受化者又为女。坎离二物，虽颠倒而不失其本体，所以晦朔之交，日月并会黄道，混沌相接，玄黄成团，日魂入在月魄中，月魄受之而成胚胎，日光月精，交媾及时，合其符节，于光明之本体并无所损，故曰："月受日化，体不亏伤。"此日月交感之常道也，丹道亦然。吾身日光月精刻刻回照，日月合璧，产出蟾光，作金丹之根本矣。

阳失其契，阴侵其明，晦朔薄蚀，掩冒相倾，汤消其形，阴凌灾生。

此节言交感之失其常也，与上篇"水盛坎侵阳，火衰离昼昏"相似。晦朔之间，日月交并，阳魂能制阴魄。虽寄体阴中，光明之体常在，若阳光不能作主，陷在北海，无由自出，便失其交合之符节，未免反为阴所侵夺而亏损光明矣！故曰："阳失其契，阴侵其明。"阳既为阴所侵，遂致薄蚀之变。盖时当晦朔，一点阳精沉沦洞虚之中，火力尚微，水势转盛，阴盛便来掩阳，水盛转来冒火，相倾相夺，太阳当昼而昏，故曰："晦朔薄蚀，掩冒相倾。"太阳之光，本出金性，圆明普照，万古不亏，但一受阴气相侵，其形未免暂消，而生薄蚀之灾矣！故曰："阳消其形，阴凌灾生。"此言日月交感失道，立召灾变。在人为坎离初交，一阳沉在海底，动静之间，稍失其节，以至真火陷入水中，不能出炉，便应薄蚀之象。详见上篇第五十五章。

男女相须，含吐以滋，雌雄错杂，以类相求。金化为水，水性周章；火化为土，水不得行。男动外施，女静内藏，溢度过节，为女所拘。魄以钤魂，不得淫奢，不寒不暑，进退合时，各得其和，俱吐证符。

此节言交感之得其道也，与上篇"阴阳相饮食，交感道自然"相似。坎男离女，二物相须为用，月魄吸金乌之精，自外而入；日魂呼玉兔之髓，自内而出；颠倒主宾，一含一吐，真种于是滋生，故曰："男女相须，含吐以滋。"乾本老阳，转作离中玄女；坤本老阴，转作坎内黄男；乾坤破体，有阴阳错杂之象，然而坎中真火，仍欲上归于乾；离中真水，仍欲下归于坤，由破体炼之，纯体乃成。此即"水流湿，火就燥"，各从其类之旨也，故曰："雌雄错杂，以类相求。"在吾身为流戊就己，同类得朋工夫。离本太阳乾金，中间转出一阴，阳金便化为阴水，即所谓太阳流珠也。其性流走，不受控制，未免泛滥而周流，故曰：“金化为水，水性周章。”离中之水既至泛滥，便来克坎中真火，所赖坎中真火化出戊土，转能制水，即所谓“黄芽为根”也。坎中戊土与离中己土，两下配合，镇在中宫，周章之水才得所堤防，而不敢妄行四出，故曰：“火化为土，水不得行。”坎戊月精，本杳冥而内藏，然其中太阳真火，秉乾父之性，火性主动，动者当出而施用，故曰：“男动外施。”离己日光本恍惚而外用，然其中太阴真水，秉坤母之性，水性主静，静者当入而伏藏，故曰：“女静内藏。”即上文“日以施德，月以舒光”，颠倒逆用之妙也。然两者交会之时，当动而动，当静而静，各有其节度。若阳动而交阴，过于沉溺，能入而不能出，太阳真火便受泛溢之水气所侵。譬之男女交媾，若贪恋过度，男子便受女子拘困，故曰：“溢度过节，为女所拘。”即上文“阳失其契，阴侵其明”，薄蚀之征验也。离中之阴属魄，以其为太阳之体，故反称“阳神日魂”；坎中之阳属魂，以其为太阴之精，故反称“阴神月魄”；所谓魂之与魄，互为室宅也。今者火化为土，转制周章之水，则是魄能钤魂，而不至溢度过节矣。故曰：“魄以钤魂，不得淫奢。”魂魄互制，水火均平，一阳动而进火退水，不失之于太寒，一阴静而进水退火，不失之太暑，故曰：“不寒不暑，进退合时。”水盛而不过于寒，火盛而不过于热，冲气为和，永无薄蚀掩冒之灾，于是日光月精，两相交并，至于庚方之上，金精吐光，一阳受符，而金丹大药产矣。故曰：“各得其和，俱吐证符。”证者，证验也；符者，符合也。正应上文“契”字之义。

此章言制炼魂魄，调和水火，颠倒逆用之窍妙，乃是金丹临炉作用。当与上篇第十一、第十五两章参看。

三家相见章第二十八

丹砂木精，得金乃并，金水合处，木火为侣。四者混沌，列为龙虎，龙阳数奇，虎阴数偶。肝青为父，肺白为母，心赤为女，肾黑为子。子五行始，脾黄为祖，三物一家，都归戊己。（“子五行始”一句，世本误在“脾黄为祖”之下，今校古本正之。）

此章言身、心、意三家归一而成丹也。人为天地之心，故能鼎立三才，参天两地。当生身受炁之初，元始祖炁，先入中宫，囫囫囵囵，混然太极，所谓天地之心也。団地一声以后，太极从此分胎，上立天关，内藏乾性；下立地轴，内藏坤命；虚谷在天地之中，内藏元神；从一中而分造化，遂定为三才。三才既定，四象即分，盖乾为先天祖性，破而成离，转作后天之心；坤为先天元命，实而成坎，转作后天之身；至于先天之离，又转而成震。火中有木，魂寄于心之象；先天之坎，又转而为兑，水中有金，魄藏于身之象；从一炁而分二体，又从二体而分四象矣。四象既立，东南之木火同处阳方，西北之水金并居阴位。南方离火赤色，有丹砂之象，中藏真汞，即是木精，犹之北方坎水，黑铅中藏金精也。人但知火中有木，不识木中有金。盖木旺在卯，金炁即胎于卯，阳魂必得阴魄，其魂方有所归，金不离木也。人但知水中有金，不知金中有木。盖金旺在酉，木炁即胎于酉，阴魄不得阳魂，其魄将何所附，木不离金也。金木虽分为两弦，魂魄实并为一体，故曰：“丹砂木精，得金乃并。”天生一水，其象为玄武，在人属肾中精，发窍于耳；地四生金，其象为白虎，在人属肺中魄，发窍于鼻；精与魄同系乎身，故曰：“金水合处。”地二生火，其象为朱雀，在人属心中神，发窍于舌；天三生木，其象为青龙，在人属肝中魂，发窍于目；魂与神同系乎心，故曰：“木火为侣。”凡人之身心，心自为心，身自为身，水火不交，金木间隔，所以去道日远。学道之士，若能于二六时中，含眼光，凝耳韵，调鼻息，缄舌气，四大不动，使精、神、魂、魄俱聚于中宫，水、火、木、金并交于黄道，此四者混沌之象也。就此混沌之中，能使四象合而为一体，又能使一体分为四象。原是木火为侣，离中生出木液，是为龙从火里出；原是金水合处，坎中产出金精，是为虎向水中生。故有列为龙虎之象，张平叔所谓“四象不离二体”也。龙生于天三之木，其数非奇乎？奇者为阳，故称阳龙。虎生于地四之金，其数非偶乎？偶者属阴，故称阴虎；此言龙虎之本体也。若五行颠倒，则龙转作阴，虎转作阳矣。丹道之五行，原不系于五脏，魏公恐泄天机，秘母言子，姑借身中五脏分配五行，常道之五行，木能生火，金能生水，能生者为父母，故有肝青为父，肺白为母之象；木三金四，一阴一阳也，所生者为子女，故有心赤为女，肾黑为子之象；水一火二，亦一阴一阳也。其曰“子五行始”者何？盖天一生水，得之最先，天开于子，所以居北方正子之位，实为五行之源，然后木、火、土、金次第而生，故曰：“子五行始。”坤土中藏祖炁，为金、木、水、火之所自出，故有“脾黄为祖”之象。盖水为五行之源，故取始义，即吾身祖窍之一也。土为五行之母，故取祖象，即吾身祖窍之中也。万化归一，一又归之于中，于此可悟归根复命之功矣。肝木之魂，心火之神，两者同出离中之心，为本来妙有中之真空，是一物也，所谓“东三南二同成五”也。肺金之魄；肾水之精，两者同出坎中之身，为本来真空中之妙有，是一物也，所谓“北一西方四共之”也。坎中有戊，离中有己，合为中土，独而无偶，是为真意，真意为本来乾元祖炁，是又一物也，所谓“戊己还从生数五”也。身心两家，本自难合，幸得真意勾引，遂混南北，并东西，相会于中黄土釜，结成一粒金丹，所谓“三家相见结婴儿”也。盖三物会归为一，而一又归之于中，是谓归根复命，反本还原之道，故总括之曰：“三物一家，都归戊己。”夫后天之身心，即先天之性命也，两仪之象也；后天之身、心、意，即先天之元精、元炁、元神也，三才之象也。后天之真土，即先天之浮黎祖土也，太极之象也。三物归于一家，即太极函三为一之象也；体道至此，信乎！参天两地，浑然天地之心矣！若能于百尺竿头更进一步，向未生身处彻证本来面目，方知天地有坏，这个不坏；虚空有尽，这个无尽。噫！其孰能知之哉？

此章作者已略露天机，注者遂尽开生面，读者幸具只眼，慎莫入宝山而空回，可惜也！

刑德反复章第二十九

刚柔迭兴，更历分部，龙西虎东，建纬卯酉。刑德并会，相见欢喜，刑主伏杀，德主生起。二月榆落，魁临于卯；八月麦生，天罡据酉。子南午北，互为纲纪；一九之数，终而复始；含元虚危，播精于子。

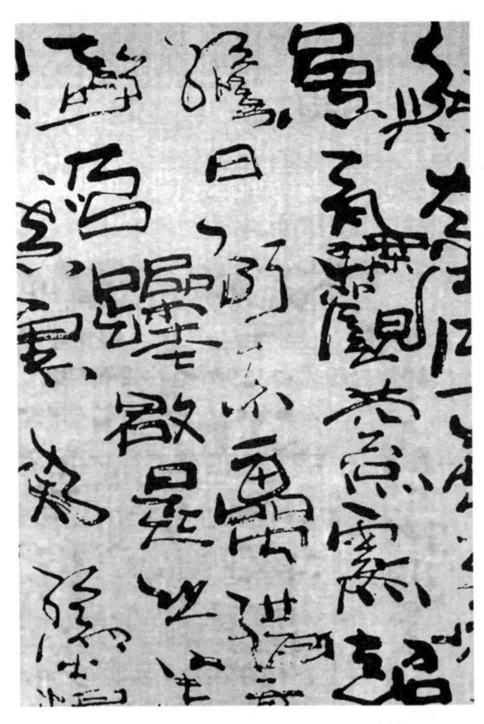

此章言龙虎两弦，刑德互用之奥也。丹道以水火为体，金木为用，子午定南北之经，卯酉运东西之纬，参伍错综，方应周天璇玑之度。以造化之常道而言，天道有一阴一阳，地道有一柔一刚，两仪既立，错为四象，子水居北，午火居南，卯木居东，酉金居西。从子到巳为阳刚，行乎东南；从午到亥为阴柔，行乎西北，分之为十二辰，又分为二十八宿，周天三百六十五度，各有一定之部位，唯天中斗柄一移，则子右转，午东旋，刚反为柔，柔反为刚，一切倒行逆施，一定之部位，到此乃无定矣。故曰："刚柔迭兴，更历分部。"震木为龙，本居东方卯位，兑金为虎，本居西方酉位，唯更历分部，则龙反在酉，虎反在卯矣。东西为南北之纬，故曰："龙西虎东，建纬卯酉。"龙秉东方生气，德之象也，唯龙转为西，则木气化而从金，德反为刑矣。虎秉西方杀气，刑之象也，唯虎转为东，则金气化而从木，刑反为德矣。金木交并，只在一刻中，若明反复之机，自然害里生恩，宾主欢会，故曰："刑德并会，相见欢喜。"人但知刑主于杀，殊不知杀机正伏在生机中；人但知德主于生，殊不知生机正藏在杀机内，故曰："刑主伏杀，德主生起。"时当二月，卯木正旺，万卉敷荣，何以榆荚忽堕？盖卯与戌合，戌将为西方河魁，河魁正临卯位，生中带杀，故有榆荚之应，此正杀机潜伏，德返为刑之象也。时当八月，酉金正旺，百草凋谢，何以荠麦忽生？盖辰与酉合，辰将为东方天罡，正据酉位，杀中带生，故有麦生之象，此正生机隐藏，刑返为德之象也。既洞明造化之机，即知吾身之造化矣。修道者，当两弦合体之时，必须斡运天罡，逆旋魁柄，外镇六门，内闭丹扃，洗心沐浴，只在片时，自然刑转为德，杀转为生，两物之性情合并为一矣。卯东酉西，午南子北，周天之纲纪也。丹道用斗柄逆旋，东西之纬既已反常，南北之经亦必易位。何以明之？一阳生于子，所以火胎在子，然坎中太阳真火，原从南方而出，今者子右转，而复归于南；一阴生于午，所以木胎在午，然离中太阴真水，原从北方而来，今者午东旋，而复归于北；一水一火，有无交入，虽云相济，实及其所由生也。南北互易，则周天法象无不随之翻转，故曰："子南午北，互为纲纪。"后天五行逆用，全本《洛书》，《洛书》之数，始于一，终于九。北方坎位居一，乾当西北，实开其先，所以乾之一阳寄在坎中，坎之一即乾之始也。南方离位居九，坤位西南，实承其后，所以坤之一阴寄在离内，离之九即坤之终也。今也子南午北，互易其位，则是坎更为终，转而成坤，离更为始，转而成乾，一既为九，九复为一，循环无端，在《易》为乾元用九，群龙无首之象，在丹道为九转之功，故曰："一九之数，终而复始。"天一生水，北方坎位，正值虚危之度，为造化之根源。虚危二宿，在天当亥子中间，日月合璧之地；在人当任督之交，水火合发之处。盖虚属日，危属月，即是真水真火，互藏其精。白紫清云"造化无声，水中火起，妙在虚危穴"是也。学道之士，若能致虚守静，回南方离光，照入北方坎地，离中元精与坎中元炁自相含育，至于虚极静笃，天人交应，一点真阳生在北海中，便可采作大丹之基矣！故曰："含元虚危，播精于子。"此言水火既济，以产大药，与前"金木交并"原是一段工夫。盖子南午北，互为纲纪，日月之体也；龙西虎东，建纬卯酉，两弦之用也；乃其合并之妙，全在互藏生杀之机，只凭反复一时，沐浴顿圆，和合四象之功。当于上三家相见章参看。

阴阳交感章第三十

此章言真阴真阳，同类相感，方成金丹大道也。

关关雎鸠，在河之洲，窈窕淑女，君子好逑。雄不独处，雌不孤居，玄武龟蛇，蟠虬相扶，以明牝牡，意当相须。

此节言阴阳之相感，各以其类也。"一阴一阳之谓道"，孔子著之《系辞》；"偏阴偏阳之谓疾"，岐伯著之《素问》；盖从上圣师，俱用真阴真阳同类之物，以超凡而入圣。所以《易》首乾坤，明阴阳不易之体；《诗》首关雎，喻阴阳交易之用；即世法而论，雎鸠匹偶，发好逑之章，一雌一雄之相应，龟蛇蟠虬，成玄武之象，一牝一牡之相须也。龟蛇配北方玄武，固属坎象；雎鸠配南方朱雀，确有离象。吾身中天玄地牝之所以交，坎男离女之所以合，亦何以异于是哉？若洞明世间之法，即知出世法矣！

假使二女共室，颜色甚姝，苏秦通言，张仪结媒，发辨利舌，奋舒美辞，推心调谐，合为夫妻，弊发腐齿，终不相知。

此节喻言独修一物之非道也。在易道，坤与乾匹，离与坎匹，巽与震匹，兑与艮匹，皆是一阴一阳，各得其偶，方成交感之功。至于上火下泽，以兑遇离，两阴相从，便名睽卦。夫子《冀》之曰："二女同居，其志不同行。"可见二女共室，以阴求阴，即逞苏、张之舌，媒合为夫妇，亦必终身不相谐矣！"独修一物是孤阴"，此之谓也！

若药物非种，名类不同，分剂参差，失其纲纪，虽黄帝临炉，太乙执火，八公捣炼，淮南调合，立宇崇坛，玉为阶陛，麟脯凤腊，把籍长跪，祷祀神祇，请哀诸鬼，沐浴斋戒，妄有所冀，亦犹和胶补釜，以硇涂疮，去冷加冰，除热用汤，飞龟舞蛇，愈见乖张。

此节正言非同类之物，必不能和合成丹也。何谓同类？离中命蒂，坎中性根，一阴一阳，方是真铅真汞。世人不悟真铅真汞产在先天，无有形质，却去觅后天渣滓之物，三黄四神，五金八石，无所不至，是谓药物非种，名类不同。即使知有药物矣，不能知采取烹炼之法，是谓分剂参差，失其纲纪。此等愚盲小人，不求真师指授，不明伏食大道，妄意炉火伪术，可以侥幸成丹，终年役役，耗损家财，兼之结坛祭鬼，祷祀求神，冀获冥助，不知此即神圣为之临炉，仙真代之捣炼，亦必万举而万败矣！彼外炼之术，药物既非真种，配合必非同类，譬之以胶补釜，以硇涂疮，无一毫相似处，且天下冷莫如冰，热莫如汤，龟不能飞，蛇不能舞，人所共晓也。今去冷而反加冰，除热而转用汤，执龟而责之飞，执蛇而强之舞，其于水火互藏之性，龟蛇相制之机，乖张愈甚背戾，可胜道哉！非种之谬，何以异此？盖大道不离阴阳，阴阳只是性命。性命两者，同出而异名，本无二道，在羲皇之《易》，为一坎一离，老子之《经》，即一无一有，向上直截根源，片言可了，只因后来丹经子书，多方曲喻，转启滥觞之端，以致流入旁门外道。丹道有时喻之以男女，盖言乾道成男，坤道成女，自家灵父圣母，非世间有相之男女也。有时喻之为铅汞，盖言离中元精，坎中元炁，自家真铅真汞，非世间有质之铅汞也。奈世间贪财好色之徒，非惑于采补，即惑于烧炼，更兼所遇方士，种种揑怪，妄引丹经，欺诳末学。惑于采补者，其邪谬不可枚举，大约认男女为阴阳，以遂其好色之私耳。惑于烧炼者，其差别不可殚述，大约认凡砂水银为药物，以遂其贪财之私耳。此等邪术异端，谤先圣之大道，断后贤之真修，名为学道，实则造业，其为地狱种子无疑矣！又有见理稍明，立志稍正者，幸不堕两种邪术，转而求之身心，却不知身非四大之身，乃真空中妙有也；心非肉团之心，乃妙有中真空也；身心一如，浑合无间，强名曰丹。奈学人不遇真师，昧于大道，未免误认四大假合为身，肉团缘影为心。著妄身者，往往守定，搬精运气，偏于有作，病在心外觅身，而不知真空之即身，并其所守之身，亦非矣！着幻心者，往往坚执坐禅入定，偏于无为，病在身外觅心，而不知妙有之即心，并其所执之心，亦伪矣！殊不知修命而不了性，寿同天地，只一愚夫；修性而不了命，万劫阴灵，终难入圣。矧妄身幻心，并其一物，而亦非者乎？大抵各执一家，不参同类，皆所谓偏阴偏阳之疾，非一阴一阳之大道也。魏公作《参同契》一书，究大易之性情，假炉火之法象，印黄老之宗旨，无非吐露同出异名之两物，使大地众生，皆得以尽性致命，直超彼岸耳！但恐邪术乱正，不可不辨析；小乘失真，不可不针砭。前于养性末章，已谆谆言之，犹恐世人之不悟也，故于此复发明真种，破尽旁蹊曲径，使万世学道者，皆舍邪而归正，去伪而即真，上与三圣演易，黄老著经同其功用矣！

伏食成功章第三十一

此章备举伏食成功，乃《参同契》中篇之总结也。

唯昔圣贤，怀玄抱真，伏炼九鼎，化迹隐沦。含精养神，通德三光，精溢腠理，筋骨致坚，众邪辟除，正炁常存，积累长久，变形而先。

此言古圣自度，皆由伏食而证大道也。维昔圣贤，盖指黄帝、老子及古来上升诸真。怀玄抱真，即守中抱一，归根复命工夫，盖养性之事也。既有养性之事，不可无伏炼之功，丹道以九转为全功，故曰“伏炼九鼎，化迹隐沦”者，如黄帝丹已成而鼎湖上升，老子关既出而西竺化现是也。人之元精、元炁、元神，上应天之日、月、斗极，三者既全，便与三光合其德矣，故曰：“含精养神，通德三光。”黄中通理，润达肤肌，故曰“精溢腠理，筋骨致坚”，此形之妙也。保合太和，性命各正，故曰“众邪辟除，正气常存”，此神之妙也。九年面壁，行满功圆，忽然超出形气之表，号为真人，故曰：“积累长久，变形而仙。”此之谓形神俱妙，与道合真也。

忧悯后生，好道之伦，随旁风采，指画古文，著为图籍，开示后昆。露见枝条，隐藏本根，托号诸名，覆谬众文。学者得之，韫柜终身，子继父业，孙踵祖先，传世迷惑，竟无见闻，遂使宦者不仕，农夫失耘，商人弃货，志士家贫。

此节言古圣著书觉世，而后世失其意也。古圣立心广大，不肯作自了汉，既已自度，必思度人，不得已而著书立言。若黄帝之《阴符》三百字，老子之《道德》五千言，并诸真所传一切丹经子书，皆因忧悯后世好道之士不得其门而入，特为指点性命根源，各有所依傍指画，著为图籍，所以开示后人而导之入门也。但恐泄露天机，秘母言子，露其枝条，藏其本根。若三盗、五贼，玄牝、橐籥之类，并龙虎、黄芽、金华种种异名，是谓“托号诸名，复谬众文”，正欲使后之学者反复研究，得意而忘象耳。惜学人迷惑者多，了悟者少，又不肯虚心求师指授真诠，譬若明珠大贝，深藏柜中，无由见面，不免贫困终身，从父到子，从祖到孙，尘尘劫劫，迷惑相因，迷而又迷，惑而又惑，竟无觉悟之期，既不识自己家珍，贫困何时得了？是由宦者不仕，农夫失耘，商贾之人自弃其货，而有志之士长苦于家贫矣。此如《楞严》衣中系宝珠，不自知觉，求乞他方之喻也。然此非先圣之过也，先圣著书觉世，本欲人人了悟，岂知其若此迷惑乎？所谓江湖无碍人之心，只为人过不得，反觉江湖为碍；祖师无谩人之心，只为人透不得，反怨祖师相谩是也；若要不受谩，须求大导师。

吾甚伤之，定录此文，字约易思，事省不繁。披列其条，核实可观，分量有数，因而相循。故为乱辞，孔窍其门，智者审思，以意参焉。

此节自言其祖述古圣著书觉世之意也。后学不悟先圣大道，只因不得其门而入耳。仙翁悲悯后学，慨然著《参同契》一书，衍大易乾坤、坎离之象，假丹家龙虎、铅汞之名，而归本于黄帝、老子尽性至命之旨。文取简要，故字约而易思；旨本同归，故事省而不繁。披列其条者，一道分为三家，即露见枝条之意也。核实可观者，三家本来一道，即隐藏本根之意也。然其立言之妙，露而不尽露，藏而不尽藏，铢两分数，各有权衡，皆因古圣之文，而斟酌拟大道，后学人便于探讨耳。太露则恐泄天机，故必多为乱，辞为藏则恐闭天道，又必孔窍其门。世有明眼之士，能于三篇中反复参究，得其孔窍之所在，方知大道只在眼前，柜中之藏人人具足，无有富者，亦无有贫者。仙翁悲悯后学之意，洵与黄帝、老子诸上圣异世同揆，而《参同》一书，较之《阴符》三百字，《道德》五千言，尤为踵事而加详矣！

勤而行之，夙夜不休。服食三载，轻举远游，跨火不焦，入水不濡，能存能亡，长乐无忧。道成德就，潜伏俟时，太乙乃召，移居中洲，功

满上升，膺录受符。

（“勤而行之”之十四句，世本误入上篇养性明辨邪正章，今正之。）

此节言学者究《参同》之奥，伏食而证仙也。大道知行并进，才得足目双全，始患冥然无知；既知矣，又患不行；既行矣，又患不勤。学人既得真师指授，洞明伏食宗旨，便当结侣入圜，死心煅炼。老子云：“上士闻道，勤而行之。”马丹阳云：“师恩深重终难报，誓死圜墙练至真。”故夙夜不休，方称勤行。伏食之功，得丹只在一时，然立基大约须百日，结胎大约须十月，至于乳哺温养，大约必须三载。陈翠虚云“片饷工夫修便得，老成须要过三年”是也。然亦不可限定三年，视工夫之勤惰何如耳。温养既足，圣胎始圆，可以轻举而远游矣。从此法身解脱，纵横自如，火不能焚，水不能溺，或隐或现，忽去忽来，来则有相，故能存；去则无形，故能亡；去来无碍，岂不长乐无忧乎！怀元抱真之谓道，积功累行之谓德，两者全具方可游戏人间，待时升举。故曰道成德就，潜伏俟时，风塵之外有四海，四海之中有三岛，三岛之中有十州：上岛曰蓬莱、方丈、瀛洲，中岛曰芙蓉、阆

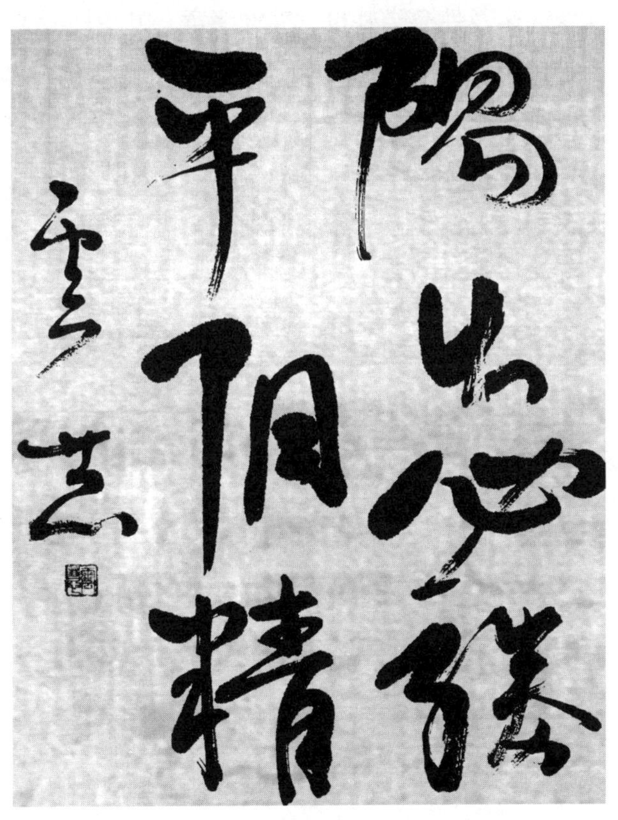

苑、瑶池，下岛曰赤城、玄关、桃源，中有一洲曰紫府，乃太乙元君所居，勾管神仙功行之地。人若弃殻升仙，先见太乙元君，契勘功行，方得次第上升。故曰："太乙乃召，移居中洲。"至于功满三千，大罗为仙；行满八百，大罗为客；遂飘然上征，膺箓受符，而证无上真人之位矣。故曰："功满上升，膺箓受符。"虽然，此姑假法象而言，以接引中下之流，使不落断见耳。究而言之，中洲即是自己丹扃，太乙即是自己元神，上升即是自己天堂，膺箓受府即是复还自己乾元面目，而不随劫火飘沉者也。若洞明炼神合虚、练虚合道宗旨，一切上升受符直可等之于浮云，付之于太空矣。此魏公不尽言之意乎！

此章虽结伏食成功，实为中篇全文总结。盖御政诸章，但陈造化法象，未及性命窍妙也。养性诸章，方指性命关窍，未悉作丹功用也。自"太阳流珠"以下七章，才备举伏食之功，或言采取，或言配合，或言烹练；上篇之所未悉者，到此无复余蕴矣。篇终矣，遂自述作书之意，上印古圣，下启后贤，依而行之，立地成仙作祖，岂不确然可信哉！此处文义与上篇末章"吾不敢虚说，仿效圣人文"隐然相应，其为中篇总结无疑，世本乃移入下篇之首，误矣！至于"勤而行之"一段，确是此章结尾，世本误入上篇"明辨邪正"之末，尤觉不伦，今特依古本正之。

下　篇

（一名“三相类”，又名“补塞遗脱”。此一卷计五章）

上篇中篇各分御政、养性、伏食三段，条贯虽具，犹似散而无统，此篇特为通其条贯，使三者类而为一。首章陈鼎炉之妙用，次章揭火候之全功，三章明说三道由一，方识殊途同归源流，四章直指四象还虚才契先天无极宗旨，末章乃自叙其作书之意，而隐名以终焉。五章首尾相足，三相类之大义始觉了然。前两篇中阙略遗脱者，得此始无余憾。读者合前两篇参观之，庶得其条贯之所在，而不病于无统矣。

鼎炉妙用章第三十二

此章虽言鼎炉妙用，而药物、火候已在其中，乃《参同契》全文之总结也。盖金丹妙用全在炉鼎，识得炉鼎，方可采取药物，识得药物，方可用火烹炼，三者本同条而共贯。前两篇中各分御政、养性、伏食，隐藏三者在内，然文义散布，尚未归一，故魏公特作此歌以补之。

圆三五，寸一分；口四八，两寸唇；长尺二，厚薄均。

此节显鼎炉之法象也。鼎炉之用有二：以金丹言之，离之匡廓为悬胎鼎，坎之匡廓为偃月炉，中宫神室乃是人位，此小鼎炉之法象也。以还丹言之，乾位居上，为鼎，所以结丹；坤位居下，为炉，所以产药；

中宫黄庭，乃是人位，此大鼎炉之法象也。大约各有上、中、下三层，以应天、地、人三才。鼎炉既立，两仪四象、五行八卦以至十二辰、二十八宿、周天三百六十五度，无不出其中矣。炉鼎既取法乾坤，圆以象天，方以象地。圆以象天，圆陀之义也。圆者，径一而围三，本之《河图》。《河图》周围无四隅，东三南二，合成一五，北一西四，合成一五，中央戊己，自成一五，合之而三五始圆。三五环绕，同归中央，中央虚位，不过径寸，是天心所居之室，即在此径寸中，分出一乾一坤，邵子所谓“天向一中分造化”也，故曰：“圆三五，寸一分。”方以象地，方寸之义也。方者，径一而围四，本之《洛书》，《洛书》有四正四隅，东、南、西、北为四正，东南、西南、东北、西北为四隅，四正即四象也，四正兼四隅，即八卦也。子午中分南北，即两仪也。方寸中，开窍处有口之象。上下两釜，分界处有唇之象。四象八卦环布四周，应造化之四时八节。乾上坤下，平分两仪，应造化之南北二极，即一中之所分出也。故曰：“口四八，两寸唇。”两仪既分，从子到巳为六阳，应造化之春夏，是为进火之候；从午讫亥为六阴，应造化之秋冬，是为退火之候。一岁之候，即一月之候；一月之候，即一日之候；刚柔不偏，寒暑合节，即上篇所云“周旋十二节，节尽更须亲”也；故曰：“长尺二，厚薄均。”炉鼎之用，远取诸造化，近取诸吾身，俱属自然法象。一切旁门，不知窍妙，妄想于身外觅取炉鼎，不啻万里崖山矣！

腹齐三，坐垂温；阴在上，阳下奔；首尾武，中间文；始七十，终三旬；三百六，善调匀。

此节言炉中药生之时，当调停火候也。方寸中间一窍，空洞无涯，有腹之象。水火二炁一齐会到中宫，便是三家相见。当其交会之时，但坐守中黄，勿忘勿助，俟神明之自来。直待水火二炁，调燮得中，方觉温然，真种自然生育矣；故曰：“腹齐三，坐垂温。”离火本在上，然离中真水恒欲流下而归戊，坎水本在下，然坎中真火恒欲奔上而就己，全赖中间真土为之调停，故曰："阴在上，阳下奔。"此言水火既济、大药将产之候，药在炉中，全仗火煅。然火候有武有文，武火主烹炼，文火主沐浴，二用天渊迥别。子时为阴之尾、阳之首，宜进火而退水，午时为阳之尾、阴之首，宜进水而退火，俱用武火，唯中间卯酉二时当沐浴之会，独用文火，一首一尾，平分坎离，调和两家，不离中间真土，故曰："首尾武，中间文。"冬至一阳初动，实为六阳之始，静极生动，有七日来复之象，故曰"始七十。"夏至一阴初静，驯致六阴之终，动极归静，有自朔讫晦一周之象，故曰："终三旬。"始须野战，终则守城，俱是武火用事，即所谓"首尾武"也。三百六十日实应周天之度，七十、三旬，首尾除去百日，其余二百六十日，以二百日中分阴阳，一子一午，应冬夏二至，并一首一尾，合成三百日，恰当十月胎圆之期；中期尚余六十日，恰当卯酉两月。一卯一酉，应春秋二分，是为沐浴之候；故曰："二百六，善调匀。"调匀者，不寒不温，温温然调和得中，即所谓"中间文"也。要知武火烹炼，在一南一北之交人，文火沐浴，全在中宫内守，念不可起，意不可散，火候妙诀，只在片刻中。紫阳真人云："火候不用时，冬至不在子，及其沐浴法，卯酉特虚比。"此之谓也。

阴火白，黄芽铅。两七聚，辅翼人。赡理脑，定升玄。子处中，得安存？来去游，不出门。渐成大，性情纯。却归一，还本原。

此节言金丹初结，炉中温养之功也。离中真汞，是为阴火，却从乾金匡廓中化出，白中有黑之象也，故曰："阴火白。"坎中真铅，是为黄芽，却从坤土胞胎中迸出，铅中产金之象也，故曰："黄芽铅。"七者，火之成数。离中流珠既称阴火，坎中黄芽便称阳火，两火会聚含育，神室中真人，若辅弼羽翼然，故曰："两七聚，辅翼人。"大药初生，产在坤炉，及其时至机动，却须上升乾鼎，乾鼎在天谷脑户中，为百脉总会之窍，《丹经》所谓"若要不老，还精补脑"是也。药生之时，须用真意以采之，徘徊上视，送之以神，令其直升天谷，故曰："瞻理脑，定升玄。"真种既升天谷，旋降黄庭，具体而微，状若赤子，安处黄庭之中，优游自在，一得永得，故曰："子处中，得安存。"赤子安处鼎中，环匝关闭，本无去来，亦无出入，即使出入，亦不离玄牝之门，故曰："来去游，不出门。"其初只一黍之珠，温养既足，渐渐从微至著，充满长大，情返为性，纯粹以精，故曰："渐成大，情性纯。"此点真种，原从太极中来，自一分为二，遂成两物；二分为三，遂成三家；又分而为四象、五行、八卦、九宫之类，此降本流末，顺而生物之道也。今者两物交并，会三为一，以至四象、五行、八卦、九宫之类，无不复归于一，此反本还原、逆则成丹之道也，故曰："却归一，还本原。"此一字可以贯通三教。太上云："得其一，万事毕。"《黄庭经》云"五行相推返归一"，以至孔子所谓"一以贯之"，释迦所谓"万法归一"，总是这个。此段俱是守中抱一，深根固蒂宗旨，盖谓鼎中有宝，便不可阙此一段温养工夫。

善爱敬，如君臣。至一周，甚辛勤。密防护，莫迷昏。途路远，复幽玄。若达此，会乾坤。刀圭沾，净魄魂。得长生，居仙村。

此节言防危虑险之功也。先天祖炁为君，后天精炁为臣，鼎中既得先天一炁，却藉后天精炁乳哺而环卫之，譬之臣既敬君，君亦爱臣，君臣之间，相得无间，故曰："善爱敬，如君臣。"丹道以九转功完为一周，十月结胎，三年乳哺，其间运用抽添，纤毫不可怠玩，故曰："至一周，甚辛勤。"元神既存丹扃，当以真意守之，密密提防护持，须臾不可离。若真意一离本也，恐有昏迷走失之患，故曰："密防护，莫迷昏。"元神不疾而速，不行而至，上天入地，只在顷刻间，却又杳冥恍惚，无迹可求，故曰："途路远，复幽玄。"丹道有两般作用，以金丹而言，坎离一交，真种便得。若以还丹而言，必须炼精化炁，炼炁化神，重安炉鼎，再造乾坤，向上更有事在，故曰："若达此，会乾坤。"一黍之药，号为刀圭。刀圭才沾入口，阴魄尽消，阳魂亦冥，故曰："刀圭沾，净魄魂。"即上篇所谓"体死忘魂魄，刀圭最为神"也。魂魄既净，我之元性卓然独存，不随劫火飘荡，形寄尘埃之中，神居太虚之境矣，故曰："得长生，居仙村。"此段俱言防护慎密之意，与前段温养工夫，联如贯珠。

乐道者，寻其根。审五行，定铢分。谛思之，不须论。深藏守，莫传文。御白鹤，驾龙鳞，游太虚，谒仙君，录天图，号真人。

此节言脱胎神化之验也。道有其根，只在抱一，老子所谓"归根复命"是也。世人一切在枝叶上搜求，离根愈甚，去道转遥，故曰："乐道者，寻其根。"造化之妙，不出五行，五行有顺有逆，顺则成凡，世间之造化也；逆则成圣，出世之造化也。然五行颠倒之旨，最为玄奥，若铢两分数一错，定不结丹，故曰："审五行，定铢分。"丹道之秘，全在火候，从上圣师，必须心心密印。学道之士，但可心存，不得形之于口，但可默契，不得著之于文，故曰："谛思之，不须论，深藏守，莫传文。"火候已足，圣胎已圆，脱胎弃壳之时，或驾白鹤，或乘火龙，翱翔太虚之表，觐礼三境至尊，从此膺箓受图，位证大罗天仙而有真人之号矣。虽然，此非外象，实内景也。龙鹤即自己元炁，太虚即自己元窍，仙君即自己元神，天图即浩劫以来混洞赤文，真人即未生以前本来面目。《金刚经》云："凡所有相，皆是虚妄，若见诸相非相，即见如来。"释教所谓如来，即吾道所谓真人也。修道之士，但识取真人面目，一切名象俱可存而不论矣。然真人之义有二，在凡夫分上谓之法身，人人具足；在圣人分上谓之报身，唯证乃知。究竟圣人所证之报身，即凡夫具足之法身也。虽则人人具足，只因不肯直下承当，遂致浪死虚生，轮转六道，岂得委咎于造物乎！

此章虽陈鼎炉妙用，而药物、火候全具其中，乃金丹三要总结也。然必合下章观之，方尽三相类之妙。

火候全功章第三十三

此章以周天法象，喻火候之全功。虽云火候，而炉鼎、药物悉具其中，乃《参同契》全书之乱辞也。盖此书前二篇中，御政、养性、伏食各分三段，寓炉鼎、药物、火候在内，但恐文义散见迭出，终病于未圆，故魏公作“圆三五”章以束之。然“圆三五”章中，多说金丹作用，温养保聚之功，其于还丹作用，交姤煅炼之象，尚未悉备，故紧接此章以足其意。

法象莫大乎天地兮，玄沟数万里。河鼓临星纪兮，人民皆惊骇。晷影妄前却兮，九年被凶咎。皇上览视之兮，王者退自改。关键有低昂兮，害气遂奔走。江淮之枯竭兮，水流注于海。

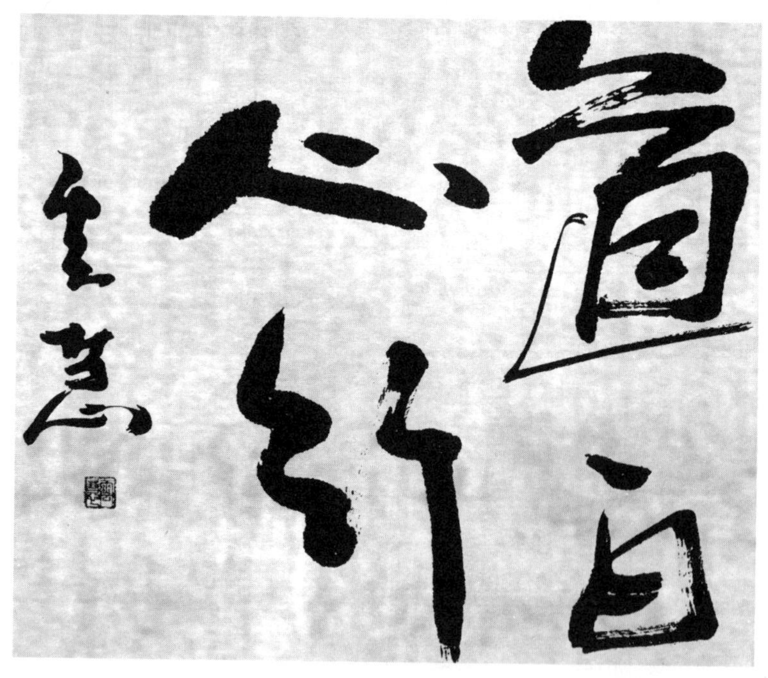

此节言火候之功，效法天地，不可不戒慎也。前章敷陈炉鼎法象，既以乾鼎法天，坤炉象地，可见人身全具一天地，天地即我一大炉鼎也。其中造化之妙，无不合同，天之极上处，距地之极下处，八万四千里。天中河汉为玄沟，起自丑寅尾箕之间，直至午未星柳之分，界断天盘，不知其几万里。以吾身拟之，天关地轴，相去亦八万四千里，中间即是玄沟，界断上下，有金木间隔之象。故曰："法象莫大乎天地兮，玄沟数万里。"河鼓共三星，中为大将军，左为左将军，右为右将军，有芒角主军，鼓声音在牛宿之北，正枕天河星纪，是十二辰中丑位，即河汉所经也。河鼓本非丑分之星，今越次临于星纪，则是河汉之内，星宿错乱，水害将兴，未免可惊可骇。吾身子丑之交，正当阳火发生之地，若时未到而妄动，则周身精气奔骇，百脉俱乱，岂非人民惊骇之象乎？故曰："河鼓临星纪兮，人民皆惊骇。"晷影本属日影，此借言天星进退之度，在身中，则进火退火漏刻也。进火为前，退火为却；不当前而妄前，不当却而妄却，非太过即不及，即如二至二分，不应漏刻，而召水旱之灾矣。据上文河鼓临星纪，是进火失度，以致水灾，尧有九年之水，故曰："晷影妄前却兮，九年被凶咎。"九年正应九转法象，进火失度，一转既差，九转俱失，岂非莫大凶咎乎？皇上指上帝，王者指人主。"览视之"者，昭视其戒于人主，盖以天变相儆，即上文所谓"凶咎"也。退自改者，改其前却之失，而进退合度也。盖皇上喻先天之性，王者喻后天之心，其体则一，其用则二。盖性主无为，寂然不动，安处神室；心主有作，感而即通，斡运天经。如此则火候之进退罔不中节矣，故曰："皇上览视之兮，王者退自改。"天道关键，全在南北二极。北极出地三十六度，南极入地三十六度，一低一昂之象，周天璇玑，昼夜不停。南北二极虽主运旋，而常不离其所，是以经纬顺序，害气不生。吾身天关地轴，一低一昂，正应南北二极。运火之时，须要关键牢密，是为天关在手，地轴由心，到此周身阴气自然剥落无余矣，故曰"关键有低昂兮，害气遂奔走”。天生一水，弥漫大地，赖有巨海为之归宿，方免泛滥之灾。凡人一身内外，莫非阴滓，即众水所流注也。昆仑之巅，有元海焉，为众水之所朝宗。唯南北二极，关键既密，促百脉以归元，自然炁归元海，若江淮之朝宗于海，而不至泛滥矣。故曰：“江淮之枯竭兮，水流注于海。”此段首以天上玄沟，喻炉鼎之法象，继以天星行度，喻火候之准则，失度则召洪水之灾，得宜则获归元之庆，一得一失，火候于是可准，乃通章挈领处。

天地之雌雄兮，徘徊子与午。寅申阴阳祖兮，出入终复始。循斗而招摇兮，执衡定元纪。

此节言坎离交垢，配合之法象也。子为六阳之首，应乎冬至；午为六阴之首，应乎夏至；子午二候，一阴一阳，南北互为纲纪，正水火交会之地，日月到此，必徘徊而不遽进退。所以太阳当中天，古人谓之停午，即徘徊之意也。丹道水火升降，只在子、午二候，坎中真火上升，一阳初复，阳炁尚微，宜闭关以养潜龙之萌；离中真水下降，一阴来姤，阴炁初萌，宜系柅以防履霜之渐；造化之妙，全在午后子前，亦当以真意徘徊其间，故曰：“天地之雄雌兮，徘徊子与午。”阳火虽胎在子，到寅方生；阴水虽胎在午，到申方生；太阳得火之精，故出于寅而没于申；太阴得水之精，故出于申而没于寅；可见寅申是阴阳之祖乡，造化出入之门户也。丹道亦然，坎中一阳，虽复于子，直到寅位真火才得出地；离中一阴，虽姤于午，直到申位真水才得长生；一出一入，终而复始，方见真阴真阳，同出异名之宗祖，故曰：“寅申阴阳祖兮，出入复终始。”招摇一星，在梗河之北，有芒角，芒角一动，便主兵革。北斗第五星名衡，即斗柄也，主布政天中，临制四方，或指子午，或指寅申，以定木、金、水、火之位，以分春、秋、冬、夏之时。招摇本不妄动，唯循斗杓而动，则动必应时，不失其纪。丹道法天，全仗天心斡运，斗柄推迁，天心居北极之中，兀然不动，唯视斗杓所指，斗杓指于子午，则水火为之徘徊，指于寅申，则金木于是交并；亦犹招摇之循斗而动，以定周天纲纪也，故曰：“循斗而招摇兮，执衡定元纪。”此段言水火之所以交，金木之所以并，全仗斗柄斡旋，盖坎离交姤之初功也。坎离配合，真种乃生，至一阳初动，斗柄建子，然后可加烹炼之功矣！

升熬于甑山兮，炎火张设下。白虎倡导前兮，苍液和于后。朱雀翱翔戏兮，飞扬色五采。遭遇罗网施兮，压之不得举。嗷嗷声甚悲兮，婴儿之慕母。颠倒就汤镬兮，摧折伤毛羽。漏刻未过半兮，龙鳞狎鬣起。五色象炫耀兮，变化无常主。潏潏鼎沸驰兮，暴涌不休止。接连重迭累兮，犬牙相错距。形如仲冬冰兮，阑干吐钟乳。崔嵬以杂厕兮，交积相支柱。阴阳得其配兮，淡泊而相守。

此节言乾坤交姤，煅炼之法象也。前面坎离交姤，真种已生，再加配合之功，金丹大药，养在坤炉中，故谓之熬，即上篇所谓熬枢也。炉中温养已足，一阳初动，正子时到，急发火以应之，必须猛烹极炼，加以吸舐撮闭之功，逼出炉中金液，令之上升，趁此火力，驾动河车，自尾闾穴，逆流上昆仑顶，有升熬甑山之象。《翠虚篇》云：“子时气到尾闾关，夹脊河车到甑山。”此之谓也。故曰：“升熬于甑山兮，炎火张设下。”西方金精为白虎，东方木液为苍龙，龙阳主倡，虎阴主和。今者虎转在前作倡，龙转在后作和，此皆五行逆施，阴阳倒施之象，故曰：“白虎倡导前兮，苍液和于后。”此乃大交时，塞兑闭户，吹音吸神，作用与前面坎离交姤迥别。细辨之，朱雀是南方火精，位镇离宫，即上文所云炎火也，其性飞扬不定，一遇前尘幻色相感，即翱翔而去，不可控制，故曰：“朱雀翱翔戏兮，飞扬色五采。”朱雀本性极其飞扬飘举，一切不能制之，唯一见北方玄武，方才束手受制。乾坤交姤之时，火从下升，水从上降，玄武擒定朱雀，互相钤束，抵死不放，如遭罗网压住不能举翼矣。故曰：“遭遇罗网施兮，压之不得举。”火本炎上之物，一时被水压住，其性情急欲升腾，有如失母婴儿，悲鸣哀慕，其声嗷嗷，故曰："嗷嗷声甚悲兮，婴儿之慕母。"火腾水降，主宾颠倒，朱雀之与玄武相吞相啗，一时闭在鼎中，无由复出，譬若毛羽摧折，永不复飞扬矣，故曰："颠倒就汤镬兮，摧折伤毛羽。"水火既相擒制，龙虎亦必降伏，金木水火，四象攒聚鼎中，固济不泄，只消片刻之间结而成丹。鼎中既备五行之气，变化自生，如神龙行空，鳞动鬣扬，五色炫耀，变化之象不可名状，故曰："漏刻未过半兮，龙鳞狎鬣起；五色象炫耀兮，变化无常主。"当其升熬于鼎之际，龙争虎斗，撼动乾坤，霎时金晶贯顶，银浪滔天，若甑中蒸饭将熟，鼎内之水，百沸不休，滂沱四涌，故曰："潏潏鼎沸驰兮，暴涌不休止。"正当沸驰不止，再加火力以足之，接连重迭，相继熏蒸，直到火足，气圆鼎中，真炁自然絪缊充满，若犬牙之相错矣，故曰："接连重迭累兮，犬牙相错距。"交姤既毕，金鼎汤温，玉炉火散，一点落于黄庭，先液而后凝，渐凝渐结，凝而至坚，有如仲冬之冰，又如阑干石中迸出钟乳，故曰："形似仲冬冰兮，阑干吐钟乳。"鼎中真液，一炁循环，轻清者凝于泥丸，重浊者归于炁穴，有崔巍杂厕之象，真种既凝，无质生质，有交积支拄之象，故曰："崔巍而杂厕兮，交积相支柱。"以上俱一时得药成丹法象。盖因乾坤大交之时，真阴真阳匹配无差，故有如上之证验也。从此罢战守城，全用文火，勿忘勿助，静守中黄，所谓送归土釜牢封固是也，故曰："阴阳得其配兮，淡泊而相守。"此段是乾坤交姤一时事，前面言煅炼之法，中间言结聚之象，末了言温养之功，乃是通章关键处。

青龙处房六兮，春华震东卯。白虎在昴七兮，秋芒兑西酉。朱雀在张二兮，正阳离南午。三者俱来朝兮，家属为亲侣。本之但二物兮，末乃为三五。三五并为一兮，都集归一所。治之如上科兮，日数亦取甫。先白而后黄兮，赤色达表里。名曰第一鼎兮，食如大黍米。

此节言四象五行并而归一，乃结丹之法象也。前面大交之时，青龙、白虎、朱雀三家俱颠倒逆旅，此则复还其本位矣。青龙本位在东，东方房宿，属木，数应八。而云房六者，盖六为水之成数，木生在亥，木液原从坎水中流出，即《入药镜》所云“铅龙”也。东方之龙，于时为春，于卦为震，于辰为卯，木旺在卯，草木发而为华，故曰：“青龙处房六兮，春华震东卯。”白虎本位在西，西方昴宿，属金，数应九，而云昴七者，盖七为火之成数，金生在巳，金精原从离火中煅出，即《入药镜》所谓“汞虎”也。西方之虎，于时为秋，于卦为兑，于辰为酉，金旺在酉，谷实结而生芒，故曰：“白虎在昴七兮，秋芒兑西酉。”朱雀正位在南，南方张宿，属火，二即火之生数也。南方朱雀，于时为夏，于卦为离，于辰为午，火旺在午，能燔木而镕金，故曰：“朱雀在张二兮，正阳离南午。”交会之时，一东一西一南俱来朝拱天心北极，三家会成一家，异骨成亲，忻乐太平，故曰：“三者俱来朝兮，家属为亲侣。”此处木、金、火三象，正与前段相应。前后俱不及玄武者，盖玄武本位在北，上直斗枢，三者既朝拱北极，则玄武在其中矣，即中篇九还、七返、八归、六居之意也。本是真阴真阳相配，然一龙一虎，并南方之火便成三家，木与火为侣，金与水为朋，并中央之土，便成五行，究其根株，只是两物；化出枝条，乃为三家、为五行；合成三五十五之数，故曰：“本之但二物兮，末乃为三五。”其初自本而之末，原从一个根株上化出，一分为二，二分为三，三分为五，是为常道之顺。其究自末而返本，还从一个根株收来，五返为三，三返为二，二返为一，是为丹道之逆，故曰：“三五并为一兮，都集归一所。”并为一者，一是先天一炁，指真种也。归一所者，所是中央正位，指黄庭也。三五为一，乃是从上圣师，心心相印，如科条之不可违，依此修治，决定成丹，但非一日之功，日积月累，方得成就，仍取第一转时，最初一点真种为根基，故曰：“治之如上科兮，日数亦取甫。”日数者，三载伏食之功。甫者，始也。指第一转起手处，丹之初结，本是乾金，更加种在乾宫，其色纯白，及至落到黄庭，送归土釜，以坤母之气含育之，渐渐变成黄色，彻始彻终，取南方离火煅炼而成，其色赫然而赤，乃称还丹，故曰："先白而后黄兮，赤色达表里。"丹以一转应一鼎，九鼎应九转，然一转之中，即具九转，故九鼎之功全在第一鼎。乾坤交垢之后，加以沐浴温养，鼎中黍珠自结矣。《度人经》云："元始悬一宝珠，大如黍米，在空玄之中，天人仰看，唯见勃勃，从珠口中入。"即此旨也。故曰："名曰第一鼎兮，食如大黍米。"此段言四象五行并而归一，乃结丹之证验。

自然之所为兮，非有邪伪道。若山泽气相蒸兮，兴云而为雨。泥竭遂成尘兮，火灭化为土。若蘖染为黄兮，似蓝成绿组。皮革煮为胶兮，曲蘖化为酒。同类易施功兮，非种难为巧。

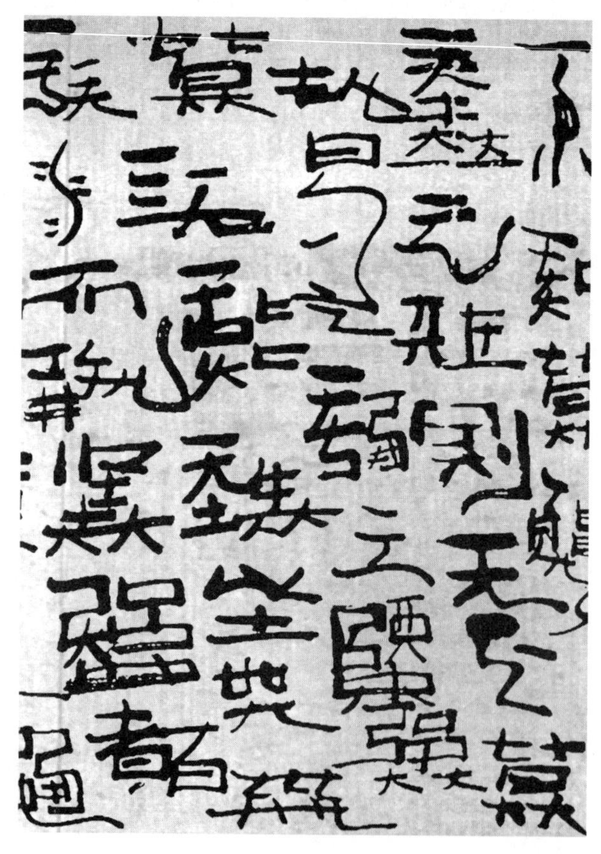

此节言还丹成功，本出自然之道也。如上交媾结丹，一切作用总是真阴真阳自相匹配，以返我先天虚无一炁耳。虽云有作，实则无为，俱出天机自然，非若旁门小术，搬运采补，种种捏怪，以欺世而惑众，即太上所谓道法自然也，故曰："自然之所为兮，非有邪伪道。"丹道自然之妙，与造化人事无不合符。二气交感薰蒸，化成真液，犹之山泽通气，自然蒸而为云，洽而为雨，故曰："山泽气相蒸兮，与云而为雨。"泥性重滞，似与尘非类，及乎暴乾枯竭，自然化而为尘矣。火性飞扬，似与土非类，及乎烟消焰冷，自然化而为土矣。至如蘗色本黄，染采自然成黄；篮色本绿，染组自然成绿；皮革者，胶之所自出，自然煮而成胶；曲蘗者，酒之所藏，自然酿而成酒；此皆系同类之物，各归其元，故功化自然，不犯纤毫造作。还丹亦然，坎中真火本出于乾，其性恒欲上归于乾；离中真水本出于坤，其性恒于下归于坤；且龙吟则云自起，虎啸则风自生，二气相感，各从其类，安得不灵？所谓"欲作伏食仙，宜以同类者"，岂孤阴寡阳一切非类者可比哉！故曰："同类易施功兮，非种难为巧。"此段言丹道成功之由，只在自然二字，其自然之妙，又只在同类二字，唯真种本来同类，故交感出于自然，不可不知。

惟斯之妙术兮，审谛不诳语。传与亿世后兮，昭然自可考。焕若星经汉兮，昺如水宗海。思之务令熟兮，反复视上下。千周粲彬彬兮，万遍将可睹。神明忽告人兮，心灵乍自悟。探端索其绪兮，必得其门户。天道无适莫兮，常传与贤者。（此章世本误在"圆三五"之前，失其次序，今特正之）

此节乃通章之结尾也。言此同类相求，自然交感之妙道，系从上圣师心印，潜行密证，并无一字虚设，故曰："唯斯之妙术兮，审谛不诳语。"大道无古今，无前后，千百世以上，千百世以下，此心此理，无不合同，读其书即如亲见其人，故曰："传与亿世后兮，昭然自可考。"火候之秘，备载此书，在天应星，如众星之经历河汉；在地应潮，如众水之朝宗大海，毫发不差，涓滴无漏，故曰：“焕若星经汉兮，昺如水宗海。”此两句又与上文河鼓星纪、江淮注海等句遥应。篇中火候，学者不但口诵，须要心惟，不但心惟，须要身体，身中阳火阴符，时时周流反复，刻刻升降上下，唯不视以目而视以神，斯得之矣！故曰：“思之务令熟兮，反复视上下。”上下反复，循环不停，始于一周，究竟直到千周，始于一遍，究竟直到万遍，所谓常转如是，经千百亿卷，非但一卷两卷是也！故曰：“千周灿彬彬兮，万遍将可睹。”《管子》曰：“思之思之，又重思之，思之不得，鬼神将通之。”寻常参究之功，皆当如是。矧此《火记》灵文，不视以目而视以神乎！千周万遍之余，心灵忽尔开悟，慧性自然朗彻，世出世间之事，无不洞明，若鬼神之来告矣。故曰：“神明忽告人兮，心灵乍自悟。”金丹大道，有端有绪，有门有户，真阴真阳，同类相感，此其端绪也；坎离会而产药，乾坤交而结丹，一内一外，两般作用，此其门户也；后学能探之索之，端绪既得，庶可以窥大道之门户矣！故曰：“探端索其绪兮，必得其门户。”此处门户二字，正与第一章“乾坤者易之门户”首尾相应。此事本人人俱足，个个圆成，然大道万劫一传，必须择人而授，遇人不传，有闭天道之愆；传非其人，又有泄天宝之谴。必也忠孝净明，仁慈刚直之士，更能割舍世间恩爱，摆脱一切尘劳，才承当得此道起。所谓有圣贤之心，方可行神仙之事也。故曰：“天道无适莫兮，常传于贤者。”仙翁既备述火候之要，篇中叮咛反复，惓惓于择人而授，乃见至广至慎之心矣！

此章虽述火候法象，实所以结括全书。盖前章是全书总结，此则其乱辞也，二章首尾相足，御政、养性、伏食三家要旨悉在其中，段段可以印证，正所谓三相类也，明眼者自当知之。

三道由一章第三十四

此章言御政、养性、伏食三者，殊途同归，本出一道也。

《参同契》者，敷陈梗概，不能纯一，泛滥而说，纤微未备，阙略仿佛。今更撰录，补塞遗脱，润色幽深，钩援相逮，旨意等齐，所趣不悖。故复作此，命三相类，则大易之情性尽矣。

此言三道由一之原委也。《参同契》一书，原本《河》《洛》，敷陈羲象，盖示人以先天心易也。然必本黄老宗旨，假炉火法象，三家相参，同归于一，方契尽性至命之大道。但前两篇于一道中凿然分出三家，未免文义参差，纲宗隐覆，所以复作下篇，特发相类之意，即炉鼎妙用、火候全功两章，已通其条贯矣。三道由一之旨，尚未剖露，魏公复言《参同契》中前两篇正文，不过敷陈梗概，未能纯一，且多泛滥之辞，而纤微旨趣往往阙略未备，此补塞遗脱之章，所以不能已于撰录也。故于前面正文中，幽深者润色之，散布者钩援之，庶乎三家宗旨归于一，而趋向不至于悖谬耳。然则御政也，养性也，伏食也，总括之则曰三相类，一言以蔽之，则曰“大易性情”而已。盖日月为易，只是坎离二物，一阴一阳，一性一情，究不过身心两字，更能以中黄真意和合身心，两者归中，便足冒天下之道。黄老之所养，养此而已，炉火之所炼，炼此而已，此其所以为三相类也。此三相类之所以为《参同契》也。观炉鼎章中，但言炉鼎，而药物火候已自毕举；火候章中，但言火候，而药物炉鼎亦复全该，即知三相类之大旨矣。

大易情性，各如其度；黄老用究，较而可御；炉火之事，真有所据。三道由一，俱出径路。枝茎花叶，果实垂布，正在根株，不识其素。诚心所言，审而不误。

此节正言三道之归于一也。世人但见《参同契》中，篇分三段，界开御政、养性、伏食，便以为真有此三家。说到大易，便认作常道阴阳，流入采补；说到养性，却认做肉团身心，泥定存守；说到炉火，又认做伏砂乾汞，流入烧炼。三家相执，各不相通，真是万古长夜，一部《参同契》沉埋九地，不见天日者千四五百年矣！天不爱道，今为剖而明之，所谓大易情性，正指坎离二物也，日月为易，真精互藏，情性二字，即一金一木也，一水一火也，一魂一魄也，一龙一虎也，一男一女也，其实则一身一心也。身心两者，天然配合，打成一片，岂非金丹之药物乎？故曰："大易情性，各如其度。"所云黄老养性，似言黄帝老子清净无为之旨，不知头有九宫，黄庭在中为中央，黄老君之所居。《黄庭经》云"中部老君治明堂"是也。黄庭即系中黄正位，或名神德居，或名道舍庐，或名大渊，或名规中，大约是先天祖窍；识得祖窍元神，方有所归，便知养性之用，其用全赖真意；得此真意，和合身心，把柄在手，岂非金丹之炉鼎乎？故曰："黄老用究，较而可御。"至于炉火之事，假外象以喻内功也，药物既入炉中，即当用火煅炼，或配之为龙虎，或配之为汞铅，或配之为流珠、金华、黄芽、姹女，种种异名，仍是身心两物，以两物相制而言谓之伏，以两物相并而言谓之食，仍是以真意和合身心耳。一伏一食，乃成金丹炉火之事，其理确然可据，岂非金丹之火候乎？故曰："炉火之事，真有所据。"有药物不可无鼎炉，有鼎炉不可无火候，三者本同条共贯，举其一即三者全具；虽分三段，其用未尝不合，要知篇中所举药物，种种异名，即一物也；炉鼎种种异名，即一处也；火候种种异名，即一时也。若明此一物，方知蠢动含灵总是一物；若明此处，方知山河大地总在一处；若明此一时，方知元会运世，只此一时。盖一物即一处，一处即一时，一时即一物也；此之谓会三归一，此之谓"得其一，万事毕"，故曰："三道由一，俱出径路。"本来原是一道，折之却成三条。譬如草木之类，至春而抽茎发枝，至夏而开花布叶，至秋而结果成实，究其发生之源，只在一点根株。直到穷冬之际，剥落归根，方显硕果生生之妙，故曰："枝茎花叶，果实垂布，正在根株，不失其素。"素即太素之素，返本还原之意也。夫由一道发为三条，有枝茎花果之象，即所谓"露见枝条"也。由三条复归一道，有正在根株之象，即所谓"隐藏本根"也。前两篇各分三段，虽似枝条，然根株之一未尝不贯其中。但言者既出一片诚心，读者必须再三详审，直到万遍千周，神明忽告，方知三道之果出于一，庶不为旁门所赚误耳，故曰："诚心所言，审而不误。"此章是三相类之关键处，魏公恐人错认一道为三条，又恐人错认三条不是一道，特为指出直截根源，归重。正在根株二句。究竟根株是何物，一阳初动，见天地心，造化之妙具在其中，此三道之所以殊途同归，而《参同契》之一言可蔽者也。故紧接象彼仲冬节章，按世本此章有五相类图，牵合河图，五位相得，而各有合起，于彭晓诸家，因之牢不可破。细推魏公此章本旨，明明说御政、养性、伏食三道由一，乃三相类，非五相类也。盖东三、南二合成一家，北一、西四合成一家，中央五十自成一家。举三相类，则五位相得有合之妙已在其中矣，何必添蛇足乎！矧三道由一，不但贯彻前后数章，实系全书关键所在，岂更有别义可搀入乎！且其所谓浮左沉右、世金世银等说，一切附会流入炉火旁门，与全书大义相背之极，其于前后血脉尤为不贯，参校古本，并无此图，乃知是彭晓杜撰添入，非魏公本文也，特削之。

四象归根章第三十五

象彼仲冬节，草木皆摧伤，佐阳诘商旅，人君深自藏。象时顺节令，闭口不用谈。天道甚浩荡，太玄无形容，虚寂不可睹，匡廓以消亡。谬误失事绪，言还自败伤，别序斯四象，以晓后生盲。

此节言四象混合，复归无极，直示人以无上至真之道也。世人但知后天四象，不知有先天四象。乾坤坎离，便是后天四象；四者混沌，复返虚无，方是先天四象。后天四象，有形有名，言之可得而尽也，正所谓枝茎花叶也。先天四象，无形无名，言之所不得而尽也，正所谓根株也。一部《参同契》，处处发挥乾坤坎离，几于尽言尽意矣！魏公恐人登枝亡本，故于篇末特示人以无文之言，无象之意，从上章“正在根株，不失其素”来。盖世间一切草木，枝茎长于初春，花叶敷于盛夏，果实结于正秋，三者虽具，尚未归根，直到仲冬之时，天地闭塞，重阴冱寒，所有枝茎花果之类，剥落无余，但剩一根株耳。在造化为藏用之会，在吾身即归根复命之时也，故曰：“象彼仲冬节，草木皆摧伤。”一阳初动，万物未生，虽动而未离乎静，邵子所谓一动一静之间，天、地、人之至妙至妙者也。此时一点天地之心，深藏九渊，关键牢密，内者不出，外者不入，即至日闭关，商旅不行，后不省方之象，故曰：“佐阳诘商旅，人君深自藏。”商旅驰逐喜动，喻耳目之发用。人君端拱无为，喻真人之退藏。真人潜处深渊，不出不入，一切驰求之念，永息而不复起，若商旅之被诘而不敢行矣。闭关之象，所以应冬至之时，虽动而不离乎静，顺其节令之自然也。此时但当闭塞其兑，抱一守中，岂可犯多言数穷之戒乎！故曰：“象时顺节令，闭口不用谈。”金丹大道，与天道同其造化。天道有元亨利贞，循环无端，浩浩渊渊，莫可穷究。元亨主发育，为造化之出机，所谓“显诸仁”也；利贞主归藏，为造化之入机，所谓“藏诸用”也。当其归藏之时，上无复色，下无复渊，迎之无首，随之无尾，所谓“玄冥难测，不可画图”者也，故曰：“天道甚浩荡，太玄无形容。”天地为太虚之真胎，日月为太虚之真息，时当仲冬亥子之交，天地媾精，日月撢持，日月之真息藏于天地真胎中，不可见，不可闻，璇玑停轮，复返混沌，此时也，无天也，无地也，无日也，无月也，无乾坤门户也，无坎离匡郭，消归一片太虚，是为真空，是为妙有，是为羲皇未画之易，是为老子无名之道，是为上天之载，无声无臭，是为威音以前本来面目，故曰：“虚寂不可睹，匡廓以消亡。”

夫混沌中之天地，即一乾一坤也；混沌中之日月，即一坎一离也，无象之象，乃是真象；无言之言，乃是至言，明眼者从此参取先天心易，直可不设一象，不烦一言矣！然此道唯上根利器，触着便会，其余中下之流，但知有象之易，岂知无象之易乎！但知有形有名之乾坤坎离，岂知无形无名之乾坤坎离乎！若闭口不谈，诚恐笼统颟顸，以致差别未明，作用未究，令后学一切谬误，何所证据？若妄生枝节，又恐头上安头，骑驴觅驴，令后学一切穿凿，未免反伤其根本。故曰："谬误失事绪，言还自败伤。"于此反复思维，不得已而篇分三段，段分各章，分别而次序之，曰此乾坤门户也，此坎离匡廓也，此乾坤炉鼎也，此坎离药物也，此所谓大易性情也。会而通之，则黄老之所养亦此乾坤坎离也，炉火之所炼亦此乾坤坎离也，无非为盲夫指路，费尽周折；若为明眼者说，不烦种种分别矣！故曰："别序斯四象，以晓后生盲。"然既云四象，即非根株矣，既云别序，即是根株之破而为枝茎花叶矣！岂若混沌忘言之为至妙至妙哉！

此章是《参同契》中最后叮咛之辞，极为吃紧，但从来谬误颇多，不可不辨。陈显微注本移此一节在太阳流珠章"子当右转，午乃东旋"之前，以下文子、午、卯、酉应四象。俞玉吾注本又移在仲尼赞鸿濛章"阳气索灭藏"之下，以下文七八、九六应四象。殊不知子、午、卯、酉，七八、九六，俱属后天有形有名之四象，与深藏闭口，匡廓消亡之义，有何干涉乎？陈观吾注本，序次庶不大差，却又连上大易性情为一章，不知上章明说三道，此章明说四象，文虽相承，义则迥别，岂可混而为一？诸公于文义、章句尚未融会，敢云得作者之意乎？盖《参同契》全文，无处不发明四象，然四象既有形有名，已落第二义；恐后学采其枝叶，忘其根本，先天心易几乎息矣，魏公故于绝笔之余，直指混沌归根，最上一乘之道。盖溯四象而归两仪，溯两仪而归太极，即太极而返无极也；或云太玄，或云虚寂，或云深藏，或云匡廓消亡，层见迭出，总是发明返本还原、未生以前消息。得此消息，方知笔未下时，原有一部《参同契》在天地间，乾坤坎离触处，昭布森列，开眼即见，闭眼亦未尝不见；倾耳即闻，塞耳亦未尝不闻；《道德经》所谓“有物混成，先天地生”者，此也；《系辞传》所谓“神无方而易无体”者，此也；邵子所谓“画前原有易”者，此也；周子所谓“太极本无极”者，此也。不特此也，仲尼一生删定赞修，不遗余力，却云：“予欲无言，天何言哉？”岂非言还自败伤之旨乎！释迦说法四十九年，却云并未曾说一字，末了传衣，只传得一个拈花公案，岂非闭口不用谈之意乎！又何疑于《参同契》乎！祖师著书立象，本欲晓后生之盲，无奈千四五百年来，书虽

传而盲者如故，或妄援大易之阴阳而为采补，或错认黄老之养性而为独修，或传会炉火之伏食而为烧炼，一盲引众盲，相将入火坑，纵遇真师指点，仍冥然不信，哀哉！祖师于绝笔之余，惓惓欲结舌忘言，盖逆知后世之多盲夫矣。

此《参同契》中末后全提之句也，谁肯泄露到此，信乎？天不爱道矣！读者请具只眼，庶不空过。

自叙启后章第三十六

此章魏公自叙其作书之意，兼隐名以俟后世也。

郐国鄙夫，幽谷朽生，挟怀朴素，不乐权荣。栖迟僻陋，忽略利名，执守恬淡，希时安宁，宴然闲居，乃撰斯文。

此节魏公自言其隐处著书之意也。按《列仙传》：真人魏伯阳者，会稽上虞人也，世袭簪裾，唯公不仕，修真潜默，养志虚无，博赡文辞，兼通纬候，恬淡守素，唯道是从，每视轩冕，如糠秕焉。从阴长生真人得受金丹大道，依法伏炼成真，乃约《周易》撰《参同契》三篇。此处自叙一段，与传中所称引大略仿佛，盖实录也。魏公本会稽人，而托言古郐国，殆亦隐文耳。

歌序大《易》，三圣遗言，察其旨趣，一统共论。务在顺理，宣耀精神，神化流通，四海和平。表以为历，万世可循，序以御政，行之不繁。

此节言《参同契》一书原本大《易》，即御政之旨也。盖《易》更三圣画卦、系辞、作翼，无非示人以尽性致命之功。魏公察其旨趣之所在，外参造化，内印身心，统括而究论之，不出坎离二用，其体为性命，其用则为精神。性命之理既顺，精神之用方全，故曰：“务在顺理，宣耀精神。”穷神知化，易之妙也。惟一故神，惟两故化。以此治心，则神化藏于中黄，而有通理之验；以此治世，则神化布于四海，而著和平之功，故曰："神化流通，四海和平。"子南午北，互为纲纪，建纬卯酉，璇玑循环，即历法之祖也，故曰："表以为历，万世可循。"君主无为，臣主有为，明堂布政，国无害道，即治世之准也，故曰："序以御政，行之不烦。"盖易道便是治道，治道便是丹道，内圣外王，一以贯之。此段专结御政宗旨，即所谓"大易性情，各如其度"也。

引内养性，黄老自然，含德之厚，归根返元。近在我心，不离己身，抱一毋舍，可以长存。

此节言养性自然之旨也。以外象言之，清静无为之道本诸黄帝老子；以内象言之，人身九宫之中有丹扃黄庭，为中央黄老君之所治，内藏祖性，天真自然，所谓养性者，养此而已，故曰："引内养性，黄老自然。"祖性即上德也，本来无丧无得，不减不增。学人若洞明此性，当下可以归根复命，返本还原。故曰："含德之厚，归根返元。"祖性本是一体，分为两用，便属身心二物。但心非肉团之心，即本来妙有中真空；身非四大之身，即本来真空中妙有；此两者人人具足，一切修证不离当体，故曰："近在我心，不离己身。"祖窍是真中，身心两家会归祖窍便是真一，人能守中抱一，须臾弗离，则长生久视之道得矣。故曰："抱一毋舍，可以长存。"此段专结养性宗旨，即所渭"黄老用究，较而可御"也。

配以伏食，雄雌设陈，挺除武都，八石弃捐。审用成物，世俗所珍。

此节言炉火伏食之旨也。以内象言之，本是真性真命，一阴一阳之大道；以外象配之，喻为真铅真汞，一雌一雄之两物；以魂魄相制而言则谓之伏，以龙虎相吞而言则谓之食，乃是金液还丹作用，迥非旁门所谓服食也，故曰："配以服食，雌雄设陈。"世人闻说炉火，定猜作五金八石；闻说雌雄，定认作雌黄雄黄，不知此皆有形有质、后天渣滓之物，真人所除弃而不用者也，故曰："挺除武都，八石弃捐。"既已弃损矣，何故配以伏食？良以烧铅干汞，点铜成金，从来有此方术，世俗贵术而不贵道，往往于此极其珍重。祖师再三审度，知世俗所最珍重者，黄白之物，故借假说真，寓言金丹伏食之妙用，则信从者众矣，故曰："审用成物，世俗所珍。"武都在凉州西数千里，产雌黄雄黄。魏公言，我之所谓"雌雄设陈"，非武都所产之物也。《悟真篇》云"休炼三黄及四神"，即此意。此段专结伏食功用，即所谓炉火之事，真有所据也。

罗列三条，枝茎相连。同出异名，皆由一门。非徒累句，谐偶斯文，殆有其真，砾硌可观。使予敷伪，却被赘愆，命《参同契》，微览其端，辞寡道大，后嗣宜遵。

此章总结三道由一，乃《参同契》之所以得名也。盖大易性情，隐藏坎离药物；黄老养性，隐藏中黄炉鼎；炉火伏食，隐藏煅炼火候。露其枝条，藏却根本，究而言之，即身、心、意之三家也，亦即精、气、神之三元也。枝茎虽列三条，根本实为一致；三象相见，便结圣胎；三元合一，便归太极。惟三者相参，金丹之作用乃备，故曰："罗列三条，枝茎相连。"然三条之中，举一即三，会三即一，处处合同，确然一贯，即太上所云"同出异名，而为众妙之门"者也。故曰："同出异名，皆由一门。"三条罗列，枝茎虽繁，然非抽黄对白，谐世俗之文辞也，实有至真之道隐乎其中，外契造化，内契身心，天人性命之理，无不相印，若合符节，如璞玉之藏石中，剖出即现。故曰："殆有其真，砾硌可观。"若谓敷陈谬妄之辞，诳惑后学，此如附赘悬疣，岂不反被天谴！初心之所不敢出也。此书之成，特命之曰《参同契》者，正以三家相参，同出一门，乃契无上至真之妙道耳。学者能探厥端绪，方知其辞虽寡，其道甚大，尽性至命之道毕出其中，后世法嗣可不遵守之乎！此段特发《参同契》所以命名之意，所谓三道由一，俱出径路也。

委时去害，依托邱山，循游廖廓，与鬼为邻，化形而仙，沦寂无声，百世一下，遨游人间。敷陈羽翮，东西南倾，汤遭厄际，水旱隔并，柯

叶萎黄，失其华荣。吉人乘负，安稳长生。

此节魏公于著书篇终，隐名以俟后世也。十六句中离合成文，藏仙翁姓名在内。委时去害四句，合成魏字；化形而仙四句，合成伯字；敷陈羽翮四句，合成阳字；柯叶萎黄四句，合成造字。言《参同契》全文乃魏伯阳所造也。仙翁本遁世之士，不欲自著其姓名，却又不肯尽晦，故为漫辞隐语，半藏半露，以庶几后人之我知。正犹一句根本，藏在三篇枝叶之中，含吐隐跃，以庶几后人之自悟耳。仙翁隐名之意，即前章“闭口不用谈”之意也。知其解者，旦暮遇之，切不得觌面蹉过。

上篇末章有“吾不敢虚说，仿效圣人文”等句，中篇末章有“吾甚伤之，定录此文”等句，俱述著书垂训之意，语意尚未了，至于下篇末章，自叙启后，发明三道由一，乃《参同契》之所以作，上承先圣，下启后贤，为穷理尽性致命之准则。故知此章不特结三相类，实全书之总结也。

《参同契》一书最不易读，盖其初以一句分为三篇，其究以三篇合为一句，而句本无句也。但分合之间，神奇变化，虽有离朱之目，鲜不眩，师旷之聪，鲜不聋矣。今得吾师，尽发其覆，正如千年暗室，一灯能照，岂非羲易之指南，而参同之慧炬哉！

悟真篇阐幽

汉·魏伯阳 著述

清·朱元育 阐幽

提　要

《悟真篇》以传统的内丹学为基础，把内炼成仙的原理建立在天人合一论和归根返本论之上，是对丹道修炼理论极大的创新和发展，被众多丹家倍加推崇且视为必读的重要典籍。

《悟真篇》，由道教南宗祖师张伯端著。张伯端，字平叔，号紫阳。北宋时期天台人，是道教南宗紫阳派的鼻祖。曾被清雍正皇帝敕封为“大慈圆通禅仙紫阳真人”，“紫阳真人”称号由此而来。《悟真篇》倡三教同源之说，直指玄门秘要，阐明养性正旨。认为在身内炼丹，须取法于身外天地，究明宇宙生成的本原和轨则；逆炼归元须先识取人身所藏的“真铅汞”，即真阴真阳，作为炼丹药物。该书以诗词的形式论述内丹，虽然词句过于隐晦，但其中所阐述的修命了道之要、明心见性之功、脱胎还丹之法，无不穷源指要，而天机显发。

《悟真篇》一书，虽然历代注解者也很多，但异见纷呈。原因即在于书中运用了药物、炉鼎、火候之法象，乾坤、坎离、龙虎、铅汞之寓言，广设譬喻，名相纷繁，致使众多注解者难窥堂奥，百般臆测。虽然有些注解可使上根利器者，因“指月之手”而归真；但对于下根钝器者而言，却愈解而愈迷，进而百般揣度，盲修瞎炼。有感于此，朱元育特撰《悟真篇阐幽》，会三教宗要，同归一致；尽众经微旨，密契心源；拨云见日，明灯去暗。揭示出道在近而不在远，在己而不在人，在自力而不在他力。无论贤愚不肖，循之而修，均可悟道成仙。

本篇以成都守经堂刻本为底本，将竖排繁体字重新录入，并加注了新式标点，以横排简体字予以出版，以利于现代人阅读。

序 言

《悟真篇》者，宋紫阳真人天台张平叔所撰也。紫阳出海蟾刘祖派下，为南宗第一祖，悯世人不知金丹大道，堕落旁门，特作此书，令学者穷理尽性以至于命耳。此书源头出自《阴符》《道德》两经，其作用则略仿《参同契》，大抵是恐泄天机，不敢直说，故有药物、炉鼎、火候之法象，有乾坤、坎离、龙虎、铅汞之寓言。奈何言之愈谆，世人愈加茫昧。孰知真者，即人人具足之真性命也。性命在先天本来一体，在后天必须全修。大约有为之功所以了命，无为之道所以了性，性命俱了，适还其具足之本来，有为即无为，后天即先天也，所谓无上至真之道也。篇中种种法象寓言，迷之即一切皆妄，悟之即一切皆真。盖言真

则性命在其中，言性则穷理尽性以至于命，悉在其中矣。书中大约分性命两宗，性宗是无圣无凡妙觉本源，人人可以与闻；命宗乃是超凡入圣金丹作用，非真师无由启发。兼之近代旁门妄加笺注，迷误后学，下者甚至流入炉火，彼家高者亦不过独修一物，祖意晦塞久矣。天不爱道，愚敢尽泄师授真传以阐其幽焉！

此书本有次第，多为后人所乱，以致漫无头绪，失其元初面目矣。谨参藏本，悉依金液还丹工夫次第而校正之。

卷　上

七言四韵（十六首以表二八一斤之数）

不求大道出迷途，纵负贤才岂丈夫。
百岁光阴石火烁，一生身世水泡浮。
只贪名利求荣显，不觉形容暗瘁枯。
试问堆金等山岳，无常买得不来无？（其一）

此章言一切凡夫无常迅速之可畏也。

人生虽有百年期，夭寿穷通莫预知。
昨日街头犹走马，今朝棺内已眠尸。
妻财抛下非君有，罪业将行难自欺。
大药不求争得遇？遇之不炼是愚痴。（其二）

此章言人当勤炼大药以出世也。此与首章是祖师特地警策世人，为金丹大道发端。首章言生死事大，无常迅速，不论寿夭穷通，一切难逃生死轮回业报。次章言世人欲脱生死、超轮回、消罪业，非炼大药不可。首章所云大道，统言穷理尽性至命之事；次章所谓大药，盖指金丹也。大道言其统体，大药言其作用。度世之方惟有金丹最为捷径，然则人之出世求师以炼金丹大药者，救死而已，其可缓乎？

学仙须是学天仙，惟有金丹最的端。

二物合时情性合，五行全处虎龙蟠。

本因戊己为媒聘，遂使夫妻镇合欢。

只候功成朝玉阙，九霞光里驾翔鸾。（其三）

此章特揭金丹为学道者作指南也。首章所云大道，次章所云大药，俱指金丹而言，语意尚引而不发，此章特明揭之。世人才说学仙二字，除却黄白男女，便以吐纳、导引、搬精、运气当之，至为浅陋可笑，不必言矣。又闻道家说有五等仙，天地神鬼，优劣判然。佛家说有十种仙，寿千万岁，报尽还堕。学道之士茫茫多歧，莫知适从，岂知无上至真之道，只有天仙一路而已。此仙非五等仙中留形住世十洲三岛之仙，亦非十种仙中不修正觉报尽还堕之仙，乃无上仙也。此天非凡夫欲界、色界有漏之天，并非外道非想非非想定住无色界、销碍入空与夫穷空不归，八万劫终毕竟轮转之天，乃第一义天也。稽之《周易》乾象为天。乾者纯阳之体，纯粹以精，坚刚不朽，即金刚长住之法性，万劫不坏之元神也。以天体纯阳，故喻之曰乾为天，而非三界诸天之可比。以金性坚刚，故喻之曰乾为金，而非世间凡金之可伦。乃知天仙即金仙也，从修学金丹大道而得之者也。金者，不坏之法身。丹者，圆成之实相。金丹大道从有为以入无为，即了命而兼了性，方是形神俱妙，尽性至命之极则。学道者第一步便须从此立定脚跟，才知端的下手处，故曰："学仙须是学天仙，惟有金丹最的端。"

金丹下手，彻始彻终只是坎离二物，后天之坎离即先天之乾坤也，在先天为性命，在后天又为性情，究而言之，只是身心两字而已。心本纯阳，先天乾性也，中有至阴之精，感物而动，性遂转而为情，离中之阴即火中之木也。身本纯阴，先天坤命也，中有至阳之炁，寂然不动，命乃转而为性，坎中之阳即水中之金也。坎离一交，则情性自然会合矣。金性猛烈而难犯，其象为虎；木情柔和而利物，其象为龙。水火乃坎离之体，金木乃坎离之用，金木并，水火交，两物会于中宫，则五行之炁全矣。故曰："二物会时情性合，五行全处虎龙蟠。"

身心一内一外，不能遽合，须得中黄真意以和合之，戊已二土即真意也。真意既到，身心才打成一片，二物之情性欢然和合矣。此与媒人勾引，两性合欢何异？故曰："本因戊己为煤聘，遂使夫妻镇合欢。"

自此三家相见，结成圣胎，金丹成矣。再加温养工夫，炼之又炼，九转功圆，金丹赫然发光，自太玄关逆流到天谷穴，直入太清圣境，岂非朝玉阙驾翔鸾，而游戏于九霞之表乎？此乃金丹脱胎换鼎法象，非若世俗飞升之说也。所谓天仙之道，惟有金丹最的端者如是而已。

此章揭出金丹为通部纲领，下乃详言金丹作用。

三五一都三个字，古今明者实然稀。

东三南二同成五，北一西方四共之。

戊己自居生数五，三家相见结婴儿。

是知太乙含真炁，十月胎圆入圣基。（其四）

此章言金丹造化不出《河图》也。盖金丹作用即阴阳五行以超出阴阳五行。上章言二物会合全赖戊已，三五之象昭昭矣，然岂无所本哉？《参同契》云"圆三五，寸一分"，又云"三五并为一兮，都集归一所"，此"三、五、一"三个字之所自来。往古来今学道者如牛毛，知此三字者不啻如兔角。孰知其渊源出自《河图》哉？以《河图》参之，东三之木在人为魂，南二之火在人为神，木火为侣，两者合成一家，阳内藏阴，其中虚灵具有心象，故曰："东三南二同成五。"西四之金在人为魄，北一之水在人为精，金水共处，两者合成一家，阴内藏阳，其中满实具有身象，故曰"北一西方四共之"。中宫之土，兼摄木火金水，总持精神魂魄，自成一家，独而无偶，真意之象身心会合而归中黄，三家相见之象，于是真种生圣胎结矣，即《参同契》所谓"三物一家，都归戊己"也，故曰："戊己自居生数五，三家相见结婴儿。"夫后天之心即先天元精也，后天之身即先天元炁也，后天之意即先天元神也，其初太极涵三，浑然一中而已。自一分为二，并中宫为三家，二分为四，并中土为五行，从此千变万化，生生不穷，顺之斯为常道，不免轮回，逆之便名金丹，超凡入圣。盖金丹一道到得三家相见，自然并两归一。两即归一，则四象、五行、六气、七政、八卦、九宫之类无不归一，而名太乙含真炁矣。再加向上温养锻炼工夫，至于胎圆炁足，岂难超凡以入圣哉？故曰："是知太乙含真炁，十月胎圆入圣基。"

此章总括《河图》，贯串《周易》，与《参同契》相为表里，是全书提纲挈领处。

草木阴阳亦两齐，若还缺一不芳菲。

初开绿叶阳先倡，次发红花阴后随。

常道即斯为日用，真源返此有谁知。

报言学道诸君子，不识阴阳莫乱为。（其五）

此章言性命之功必须全修也。盖造化之妙用不出三五，三五之渊源皆起于一，一者无极而太极也。太极动而生阳，静而生阴，自一分为二，阴阳之变合遂不可胜穷矣。大而天地，细而万物，莫不有阴有阳，即如草木无情之物也，亦必阳倡阴和，然后花叶齐敷，著其芳菲；叶之开也，其色绿，似乎属阴，不知惟阳为之倡，叶始微开，是则阳统阴而处其最先也；花之发也，其色红，似乎属阳，不知惟阴为之随，花乃大放，是则阴从阳而居其略次也。征诸《河图》，天一生水，地以六数包之，外阴内阳，即绿叶之象；地二生火，天以七数包之，外阳内阴，即红花之象。人身亦然，坎外虚而中实，身象也，此非四大假合之身，乃真空中妙有也；离外实而中虚，心象也，此非六尘缘影之心，乃妙有中真空也。一切凡夫，身逐根而生尘，心缘尘而起识，顺以出之，日用不知，遂致流浪生死。学道之士贵在逆而返之，取坎中真阳点化离中真阴，身心打成一片，而先天之真源复矣。只此一阴一阳，顺之即凡，逆之即圣。道本一源，功须兼致。或执幻形为身而著于有，或执顽空为心而偏于无，皆由不识真阴真阳、妄作妄为者也，奚啻北辕而南其辙乎？祖师儆策一切学人，访求真师，穷究性命根源，必须洞晓阴阳，深达造化，切不可独修一物，瞎炼盲参。阴阳二字，即《系辞传》所谓“一阴一阳之谓道”也。在先天为乾坤，于人为性命；在后天为坎离，于人为身心。究竟，坎离即乾坤，身心即性命也。以造化喻之曰日月、曰水火，以物类喻之曰铅汞、曰虎龙，以人身喻之曰魂魄、曰心肾，以人伦喻之曰男女、曰夫妇。有等旁门见篇中阴阳、夫妇、男女等字面，遂附会作女鼎之说，诳惑下愚，助其邪淫，不惜丧身失命。更有援女鼎邪说以注此书者，定入无间地狱，或变厕中蛆虫，永劫难出头矣。哀哉痛哉！

阳里阴精质不刚，独修一物转羸尪。

劳形按引皆非道，服气餐霞总是狂。

举世漫求铅汞伏，何时得见龙虎降。

劝君穷取生身处，返本还源是药王。（其六）

此章言独修一物之非道，当直穷性命根源也。承上两章言一阴一阳是谓大道，三家相见乃结圣胎，外此总落旁蹊，非真种子矣。有等学人，未遇明师，错认离中阴精以为本性，更不求坎中真阳点化，纵使执心不起，到得澄澄湛湛田地，终是无量劫来识神，难免生死轮回，岂能证金刚不坏之身乎？此独修一物者所以偏枯而羸尪也。又有索诸身内而为劳形按引，若熊经鸟伸之类；索诸身外而为服气餐霞，若吞日精月华之类；正如穷子觅珠、㤘头狂走，较彼独修一物者，去道弥远矣。所以然者，皆由不识身心两字耳。离中真阴便是心，坎中真阳便是身。喻以无情之物，强名铅汞；喻以有情之物，强名虎龙。以身心本体而言，强名曰药物；以锻炼身心而言，强名曰火候。旁门既不识先天源本，又岂能降伏其身心哉？故欲降伏身心，必须穷取生身受炁之源。父母未生以前，乾坤合德，性命圆成，囫囫囵囵一个太极而已。及乎出胎以后，乾破为离，坤实为坎，从囝地一声时两下分开，性命无由返还。学道之士先当求明师点破生身受炁根源，乃取坎中一阳返之于离而成乾，即取离中一阴还之于坎而成坤，复还先天性命，囫囫囵囵才成得一个人，此便是七返九还金丹大药，而证万劫不坏之身，岂独修一物者所能仿佛乎！然返还之功非必索诸受炁之初也，凡人即眼耳鼻舌合成此身，其机生生不息，会归一心，即所谓生身处也。此生生者，顺之即凡，逆之即圣，人能从十二时中时时收视返听，穷之又穷，一念回机，陡然觉悟，当下便识取父母未生前面目，再加时时保任之功，是谓返本还源，而大药从此出，识得心王便是药王矣。

人人本有长生药，自是迷途枉把抛。
甘露降时天地合，黄芽生处坎离交。
井蛙应谓无龙窟，篱鷃争知有凤巢？
丹熟自然金满屋，何须寻草学烧茅？（其七）

此章言大药不待外求也。大药之本无过性命，性命之用不离身心，父母未生以前，人人具足，生身受炁而后，一切圆成，此太上所谓谷神不死者，只在当人返之还之耳。世人为积习所迷，狂惑失性，把大药抛在一边，向外驰求，另觅长生道路，终身役役，至死不悟。倘遇真师指破迷途，方知人人具足底身心便是长生大药，并两归一，真种自生，有若甘露之降自天中，黄芽之产在土内。盖甘露从天而降，喻言先天一炁倏然从虚无中来，无中生有，甚是奇特也。黄芽从地而出，喻言二物交会，一点真阳从坤土中迸出，药苗新嫩而可采也。两象一意，总是坎离交而产药之时也。奈何世人弃真逐妄，见同篱鷃，智若井蛙，不识北海之中自有龙窟，朝阳之地本有凤巢，将人人具足之大药当面蹉过，所谓同门出入不相逢也。岂知丹头一点，铜铁皆金，后天一切渣滓俱化作先天元炁，取之左右逢其源矣。乃抛却此等受用，转向后天渣滓中觅些小勾当，何异抛却满屋黄金，反去寻药草而烧茅弄火乎！

休炼三黄及四神，若寻众草便非真。

阴阳得类归交感，二八相当自合亲。

潭底日红阴怪灭，山头月白药苗新。

时人要识真铅汞，不是凡砂及水银。（其八）

此章直指先天药物，以破旁门也。大药既人人具足，不待外求，可见一切后天渣滓皆非真种矣，何必炼三黄四神而寻众草乎？三黄四神俱是炉火家药物，祖师将此以喻后天渣滓者也。大抵以凡精、凡气、凡神为三要者，便是三黄。以心肾肺肝为四象者，便是四神。取周身津液血气为运用者，便名众草。不知一落后天形气，便非虚无至真之大药，所以不当炼也。药之真者，无过坎离二物。离中真水恒欲下流，坎中真火恒欲就上，此本天本地之性情也。两者一交，水仍归地，火仍归天，亲上亲下，各从其类矣。天一生水而成，以地六为坎；地二生火而成，以天七为离；今取坎中之一上合离七，离中之二下合坎六，是为二八。二八相当，恰合一斤之数，自然相亲而归一体。此两句指坎离既交，而言其必至之理也。当其欲交未交之时，坎中真阳涌出北海，如潭底之日赫然发光，一切阴气邪魔到此自然消灭。及乎真阳上升与离中真阴配合，结成金丹，如天上太阴映太阳以为光，初出庚方之上，到此药苗新嫩，急须采取而烹炼矣。此两句指坎离初交而言其自然之象也。大抵坎中阳炁为真铅，离中阴精为真汞，坎离即铅汞也，铅汞即身心也，身心之用乃精炁也，精炁之体乃性命也，两者打合，浑然元神，乃是真中至真。人能洞识此物，方知后天精气一切非真，庶不为凡砂水银所诳惑矣。凡砂水银既非真种，三黄四神之与众草又可认以为真哉？何时人之瞶瞶也！

此法真中妙更真，都缘我独异于人。

自知颠倒由离坎，谁识浮沉定主宾。

金鼎欲留朱里汞，玉池先下水中银。

神功运火非终旦，现出深潭月一轮。（其九）

此章言坎离交而产药，乃金丹之初基也。真铅真汞既非凡砂水银之可拟，学道者能舍此而别求妙法乎？后天身心即先天性命，人人具足之本真也，何以异于人哉？然归根复命之作用全在颠倒，同而异矣。不同而同者，先天自然之本体至真也，即内药也；非异而异者，后天颠倒之妙用，乃从妙用而返至真也，即外药也。《老子》云“我独异于人，而贵食母”，此之谓也。就先天而言，本以乾性为主，坤命为宾。自中爻互易为离坎，未免宾反为主，主反为宾。离中木汞其性飘忽而喜浮，主中宾也；坎中金铅其情镇重而喜沉，宾中主也。人皆知乾坤颠倒而为坎离，金沉木浮，主宾之位似乎不定。岂知坎离再一颠倒而还乾坤，金之沉者转浮，木之浮者转沉，乾性依旧是主，坤命依旧是宾，浮沉之用转而主宾之位定矣。离之匡廓属乾，是名金鼎，其中浮而易走者为朱里汞，宾之位，心之象也；坎之匡廓属坤，是名玉池，其中沉而不迁者为水中银，主之位，身之象也。汞性刻刻流转，顺以出之，易走而难留，不能自主，如欲留之必须用水中之银；金性镇重，出自坎宫，反来作主，逆以制之。真汞受制始不飞走，到此身心一片，寂然不动矣。然而调伏身心全仗真意，妙在“欲留”、“先下”四字。浮沉互换，主宾颠倒之用，恰在其中。二物交会不出一时，运火神功无过回光返照，只消刹那间，金丹一粒现出北海大渊之中，如满月轮，赫然光透帘帷矣。坎离初交便产大药，采取烹炼之功从此而起。此外药之作用，即还丹之根基也，岂非真中更真者乎。

要知产药川源处，只在西南是本乡。

铅遇癸生须急采，金逢望远不堪尝。

送归土釜牢封固，次入流珠厮配当。

药重一斤须二八，调停火候托阴阳。（其十）

此章详言采取温养，乃金丹之火候也。上章言深潭月现，则金丹大药产矣，然未言产自何地，采自何时，养之何法，学者仍茫然无下手处，此火候之不可不知者也。真金出自水底，故取象于川源；大药产在坤土，故取象于西南。且大药之产实与天上太阴同其造化。月望于东方乾甲之位，后此为艮丙之下弦，而魄生一阴已，在巽辛位上，动极而静，光敛于东北，万化归根，丧朋之象也。月晦于北方坤癸之地，后此为兑丁之上弦，而魂生一阳已，在震庚方上，静极而动，光现于西南，药苗新长，得朋之象也。既知身中产药之地，即知身中采药之候矣，故曰：“要知药产川源处，只在西南是本乡。”

大药既产，是名真铅，铅者杳杳冥冥，一味水乡铅也。水有壬癸之分，壬阳水清，癸阴水浊。盖时之子，妙在心传，真意初动为阳，再转即阴，阴一生而真种失矣。当乘阴之未生而采之，故曰：“铅遇癸生须急采。”真铅出水又名真金，真金者恍恍惚惚，一点水中金也。金有老嫩之别，其嫩也象月初望，其老也象月既望。盖月之圆存乎口诀，真炁初凝，恰当望日、蟾光圆足时，过而真炁已失，即望远矣。当乘阳之未散而尝之，故曰：“金逢望远不堪尝。”此言活子时到，采取之功也。

大药既采，即以真意送之，上升天谷，引入黄庭，牢闭六门，固济而堤防之，又当以神光刻刻回抱，不可须臾间断。盖真铅升鼎只当得一物，惟急入太阳流珠以配之，则神炁相守，心息相依，铅汞相投，身心二物才打成一片矣。故曰："送归土釜牢封固，次入流珠厮配当。"此言大药入鼎温养之功也。

采取之后，继以温养，大药永无耗散矣。然欲药足而火均，其功岂易言哉！大药不计斤，而云重一斤者，取其至足也。金丹之圆必合两弦真炁以成之，其间金水各半，不及则嫩，太过则老，不先不后之间可失其平乎？采时谓之药，药中有火焉，真火本无候，而云调停者，取其至均也。两弦既合，必藉天然真息以调之，其中文武异宜，意散则冷，念起则炎，不炎不冷之间可失其准乎！炼时谓之火，火中有药焉，以火炼药便是以神御炁，而金丹之功就矣，故曰："药重一斤须二八，调停火候托阴阳。"此章是金丹底作用关键，不比其他泛论，其中火候之秘，不著于文，须得圣师亲授。然须知采取之妙全在念头不动处，盖不采之采是谓真采，不取之取是谓真取，此又火候之至妙至妙者也。过此以往，便是还丹作用矣。

虎跃龙腾风浪粗，中央正位产玄珠。

果生枝上终期熟，子在胞中岂有殊！

南北宗源翻卦象，晨昏火候合天枢。

须知大隐居廛市，何必深山守静孤！（其十一）

此章言乾坤交而结丹，乃还丹之全功也。上章言既得金丹大药，养在黄庭土釜中，神炁相守，子母相恋，归根而复命矣。至于静极生动，正子时到，便当驾动河车，聚火载金，自尾闾关升到天谷穴，猛烹而极锻之，如龙争虎斗，风涛汹涌，撼动乾坤。至于乾坤交姤罢，一点金液依然落在黄庭中央，故曰："虎跃龙腾风浪粗，中央正位产玄珠。"从此更加温养之功，如龙护珠，如鸡抱卵，默默回光，勿忘勿助，到得玄珠成象，太乙含真，恰似果熟香飘，婴儿自然变化而超脱矣，故曰："果生枝上终期熟，子在胞中岂有殊。”乾南坤北，先天定位，系造化自然宗源，一到后天，则天地不交而反成否矣。今者乾坤既交，否转为泰，便将周天卦象通盘翻转，故曰：“南北宗源翻卦象。”晨昏二字只是一动一静，一阳动而为复，法当进火，进至六阳，动极而复静矣；一阴静而为姤，法当退火，退至六阴，静极而复动矣。一进一退，循环无端，悉听命于天枢。盖周天之行度无所不动，只有天枢兀然不动，在人为天谷元神常应常静者也。一切火候进退，无非合此不动之枢而已，故曰：“晨昏火候合天枢。”还丹之功全在致虚守静，然而静不离动，舍动取静，深山之象也，喻独修一物也；即动而静，廛市之象也，喻还丹作用也。各人有一无位真人，隐在六根门头，时时发用，时时退藏，终日坐千峰顶上，不离十字街头；终日游十字街头，不出千峰顶上，正如天行常转，而天枢兀然不动，岂必沉空守寂，坐在黑山鬼窟方称大隐乎！故曰：“须知大隐居廛市，何必深山守静孤！”此结言还丹作用，性命全功，非独修一物者可比也。

不识玄中颠倒颠，争知火里好栽莲？
牵将白虎归家养，产个明珠似月圆。
漫守药炉看火候，但安神息任天然。
群阴剥尽丹成熟，跳出樊笼寿万年。（十二首）

此章言还丹妙用，由颠倒而归自然也，通上数章。坎离交而产药，乾坤交而得丹，总是颠倒妙用，但世人知之者希耳。即如常道阴阳，火生于木，水生于金，顺而出之，欲动忿胜，生转为杀，所谓五行顺行，法界火坑也。在《阴符》谓之祸，发必克丹道。阴阳则不然，水转生金，火转生木，逆而反之，忿惩欲窒，杀转为生，所谓五行颠倒，大地七宝也；在佛经谓之火宅生莲。故曰：“不识玄中颠倒颠，争知火里好栽莲？”火中生木便名青龙，水中生金便名白虎。白虎原系乾家真金，落于坤宫而成坎者。今用驱虎就龙之法，取坎中真金点在离内，金来归性，乃称还丹，而乾体圆矣。故曰："牵将白虎归家养，产个明珠似月圆。"此金丹大药产在坤炉之法象也。再加向上工夫，采取锻炼，金丹乃归乾鼎，而称金液还丹矣。丹既归鼎，仍以炉中真火养之，火候之调全在真息，非后天呼吸之气也。真息与元神相依，又名神息。天枢兀然，法轮常转，自然出息不随万缘，入息不居蕴界，所谓天然真火也。故曰："漫守药炉看火候，但安神息任天然。"凡人四大一身，无非阴气，从心意识中幻出种种贪嗔痴慢，未出三界，种种皆樊笼也。得此丹头一点，阴气已转而为阳，从此炼之又炼，剥尽群阴，露出圆陀陀光烁烁未生以前面目，顿超三界，永脱樊笼，而证万劫不坏之金身矣。故曰："群阴剥尽丹成熟，跳出樊笼寿万年。"此章言丹道颠倒之极，归于自然，通上数章而结之。

黄芽白雪不难寻，达者须凭德行深。

四象五行全藉土，三元八卦岂离壬。

炼成灵宝人难识，消尽阴魔鬼莫侵。

欲向人间留秘诀，未逢一个是知音。（十三首）

此章言学道者当勤修德行以立丹基也。金丹大道既可脱樊笼、超三界，是谓无上至真法宝矣。苟非至德，何以凝至道乎？坎中真阳是名黄芽，离中真阴是名白雪。即此二物金丹之真药也。真药必传真人，真人必崇德行，德之与行，非一非二，如车之两轮，鸟之两翼。德之真者无过净明忠孝，扶植纲常；行之真者无过济困扶颠，方便利物。若能交修并证，表里如一，自然动天地格鬼神，遇真师得真药。倘德行有亏，纵遇真师授真道，决然承当不起，往往半途夭折，末路败亡。《阴符经》所谓小人得之轻命是也。征诸《河图》，金水木火为四象，并中土为五行，金水木火皆从中土而生，循环一周复归中土，起根在此，归根亦在此，故曰："四象五行全藉土。"三元者，元精、元炁、元神也；八卦者，乾坤并六子也。三元只是一元，八卦只是一个太极，一由中出，从天一中生出真水．实为万化之源，故曰："三元八卦岂离壬。"上句言中在丹道为真意，下句言一在丹道为真铅。中黄真意寂然不动，身心自然浑合。从虚无生出大药，是名真铅。真铅即金丹也，即黄芽、白雪二物所会合而成者也。从此炼之又炼，化凡质为灵质，而人莫测；损之又损，消阴气为纯阳，而鬼莫侵矣。自非大药之功，何以得此？然非德行甚深者，又曷克致此哉？此等秘诀，父不得而授之子，臣不得而献之君，必其人德行隆重，夙有仙缘，才承当得起。寥寥天壤，知音者谁！祖师到此，不能不为之三叹矣！叹知音之难逢，正叹积德累行之难其人耳。

好把真铅着意寻，莫教容易度光阴。

但将地魄擒朱汞，自有天魂制水金。

可谓道高龙虎伏，堪言德重鬼神钦。

已知寿永齐天地，烦恼无由更上心。（十四首）

此章言金丹之妙，确然可以度世也。承上言德行既足立基，大药本非难致，当汲汲以求真铅矣。真铅乃先天一炁，从虚无中来，即金丹大药也。此药至灵至妙，不在四大一身中，却又不可身外摸索，须得真意以擒之。真意一到时，入杳冥则真铅自生，得之则命由我立，庶不迁延岁月，虚度光阴矣。真铅虽是一炁，其初却因两物结成。并两为一，须用颠倒工夫，先将北方水中之金，擒住南方火中之木，即以南方木中之火，制却北方水中之金，于是金木兼并，水火既济，而真铅得矣。火中之木、水中之金即天魂地魄也，魂魄即龙虎也。身中之真龙真虎既伏，世间龙虎自无不驯伏矣；身中之阳魂阴魄既归，世间鬼神亦无不归命矣。此不特道业至高，抑亦德行至重，才能如此。如此道高德重，便可提挈天地，把握阴阳。天地有坏，这个不坏。一切烦恼悉化为妙明真心，此非断烦恼而证菩提，烦恼即菩提也！性命俱了，此金丹大道，出世之极则也。

不识真铅正祖宗，万般作用枉劳功。

休妻谩遣阴阳隔，绝粒徒教肠胃空。

草木金银皆滓质，云霞日月属朦胧。

更饶吐纳并存想，总与金丹事不同。（十五首）

此章言金丹大道迥绝旁门也。上章言真铅之妙可以超凡入圣，学道者可不识真铅哉！真铅是先天一炁，从虚极静笃中来，虽似有作，其实无为，乃造化之根源，大丹之宗祖，非独修一物者可以并驾，并非搬弄后天精炁，一切妄作妄为者可以幸致也。一阴一阳各正性命，方称大道。何须休妻？若独修一物，天地不交，真种无由生化矣，此休妻而阴阳否隔之象也。浩然之气充塞天地，自然不假一毫外物帮补，何消绝粒？若内不足而强绝外缘，未免馁在其中矣，此绝粒而肠胃空虚之象也。草木金银，喻身中浊物，如心肾肝脾之类；云霞日月，喻身中凡气，如精神魂魄之类。此等皆后天渣滓，合之四象五行，不过依稀仿佛而已，与先天一炁有何干涉乎！更有执呼吸为元气者，未免着于吐纳；认思虑为元神者，未免着于存想。岂知真息之息与不神之神合为一炁，返乎太虚，才是金丹大道，与此等旁门天渊迥别，不可不明辨也。夫金丹即真铅也，世人既不识真铅，安识金丹？此章痛扫旁门，极其警策。惜乎愚夫错认休妻一语，又流入采阴旁门，造下地狱种子，恰如避溺而投火矣。哀哉！

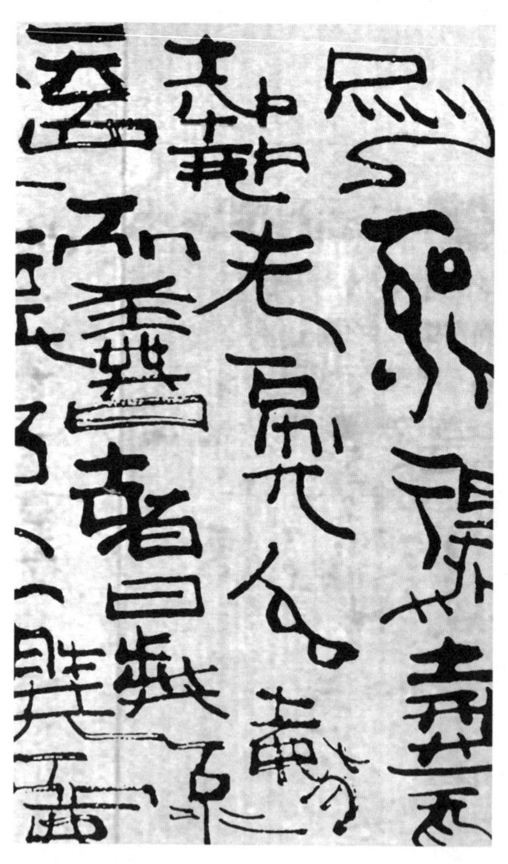

万卷丹经语总同，金丹只此是根宗。

依他坤位生成体，种在乾家交感宫。

莫怪天机具泄漏，只缘学者尽愚蒙。

若能了得诗中意，立见三清太上翁。（十六首）

此章言金丹大道，为超凡入圣捷径，乃《悟真篇》上卷之结尾也。前章言金丹作用迥绝旁门，可见只此一事实，余二即非真矣。岂特此书为然，纵阅尽万卷丹经，亦只言此一事耳。先天羲易提出乾坤坎离，已为丹经开山作祖；《道德》并《清静》诸经，惟宗自然，虽直指无为之道，而金丹作用已在其中。《阴符》及《参同》诸书，要人返本，虽详示有为之功，然作用到头仍归自然大道。至于关尹庄列之所阐扬，钟吕海蟾之所撰述，莫不皆然，无非究性命之根，以定金丹之宗而已。所云金丹最的端者，此其根宗也。金丹作用，篇中言之既详，统而论之，只是产药于坤炉，结胎于乾鼎，两言可尽。以金丹言之，坎离始交而产大药，坤宫事也；至于依时采取，升入天谷，引归黄庭，则属之乾家矣。以还丹言之，采药入炉而用文火温养，坤宫事也：至于聚火载金交媾锻炼于昆仑顶上，则又属乾家矣。崔公所谓“产在坤，种在乾”是也，故曰：“依他坤位生成体，种在乾家交感宫。”祖师剖露到此，可谓直泄天机矣。奈世人尚惑于旁门！或以彼我两家分乾坤，此与无间地狱作因缘者；或以脐上顶下两地分乾坤，此向黑山鬼窟作活计者；岂非愚蒙之极乎！倘有智慧过人之士，参访勤恪，神明忽告，当下豁然了悟，方知山河大地总是鼎炉，蠢动含灵悉皆药物，日用动静无非火候，三清太上即我本来法身，而立地成真作祖矣，故曰：“若能了得诗中意，立见三清太上翁。”三清者，玉清、上清、太清三境真人也。太上者，巍巍尊高先天真宰也。凡夫一闻三清太上，便惊惶无地，妄谓此乃天上至尊，断无我分。不知我之元精，即玉清真人，即佛家所谓圆满报身也；我之元炁，即上清真人，即佛家所谓千百亿化身也；我之元神，即太清真人，即佛家所谓清净法身也。举一即三，是名三清；会三归一，是名太上。非三而三，非一而一，无上而上，真空不碍妙有，故曰："无极而太极。"三本非三，一本非一，上本无上，妙有不碍真空，故曰："太极本无极。"此乃无上至真妙觉之道也，祖师所云悟真者，悟此而已。从前一切金丹作用，若炉鼎、若药物、若火候，到此总属筌蹄，何况旁门小乘？呜呼！苟非三教至人，其孰能知之哉！

卷　中

七言绝句（六十四首以象卦数）

道自虚无生一炁，又从一炁产阴阳；

阴阳再合成三体，三体重生万物昌。（其一）

此章言大道顺生之序也。《道德经》云："道生一，一生二，二生三，三生万物。"只此数句，包罗万象，该括三教，惜未有知其解者。大道本来无方无体，浑然太虚，不可道、不可名者也，强名之曰虚无、曰自然、曰未见炁。然才谓之虚，即实矣；才谓之无，即有矣；才谓之自然，即该具因缘矣；才谓之未见炁，而元炁已生，道生一矣。故曰"道自虚无生一炁"，周子所谓"无极而太极"是也。一炁既分，其中便有清有浊，有动有静。动而清者上浮为天，静而浊者下凝为地，一生二矣。故曰"又从一炁产阴阳"，周子所谓"分阴分阳，两仪立焉"是也。从此天气下降，地气上升，二气交感，人生其中，二生三矣。故曰"阴阳再合成三体"，周子所谓"乾道成男，坤道成女"是也。只此一元之炁，充周布满，三才既备，品物咸亨，情与无情莫不各正性命，三生万物矣。故曰"三体重生万物昌"，即周子所谓"万物生生而变化无穷"者也。此章是祖师述《道德经》，特衍而明之，以为中篇六十四章纲领，所谓顺去生人生物者也；从此逆而返之，便是金丹大道。

万物芸芸各返根，返根复命即长存。

知常返本人难会，妄作招凶众所闻。（其二）

此章言学道者当知常返本也。“道生一，一生二，二生三，三生万物”。可见大道物物具足，矧人为万物之灵，可不思返本还源乎？倘能从日用常道颠倒求之，即此六根门头，根尘相对时，当下斩断意识，意识不行，六用皆息，所谓“一根既返源，六根成解脱”也。从此一切有情无情之物，无不各返其根，而先天之命复矣。命复而谷神不死者，终古常存矣，即太上所谓“万物芸芸，各归其根，归根曰静，静曰复命”是也。归根复命之功，人人做得，而世人往往当面磋过者，只为不知常耳。此道本自平而无奇，至澹而无味，不离日用，直造先天，是为大常。人能一念回机，当下便同本得，才知常即返本矣。奈何百姓日用而不知，昧却自家底平常心，往往厌常喜新，向外驰求，做出许多捏怪伎俩，阴阳炉火，无所不至，妄作妄为，自取凶咎，即太上所谓“不知常，妄作凶”也。圣训昭昭，世人岂不闻之乎！此亦本《道德经》而发明之，示人以返本还源之功。

但将死户为生户，莫执生门号死门。

若会杀机明反复，始知害里却生恩。（其三）

此章言杀机转为生机，即反本之功也。《阴符经》云：“生者死之根，死者生之根。恩生于害，害生于恩。”盖世人之生死皆由于心，心之生死皆由于物，凡六根门头一切有漏处，悉皆生死岸头也。何以故？一切有漏之处，世人莫不依此安身立命，所谓生门也，即皆恩也。然一切有漏之处，世人莫不从此丧身失命，即所谓死户也，即皆害也。倘顺而出之，生门转作死门而害生于恩矣。惟逆而返之，死户转作生户而恩生于害矣。害生于恩，是生机反为杀机也；恩生于害，是杀机反为生机也。所谓杀机反复之妙也。此章本《阴符》宗旨而发明之。《道德经》主自然，故直指虚无之体；《阴符经》主作用，故专提生杀之机。然生杀之机，即所以归根而复命也。

祸福由来互倚伏，还如影响相随逐。

会能转此生杀机，反掌之间灾变福。（其四）

此章申言生杀之机也。《感应篇》云："祸福无门，惟人自召。"此太上宝训也，然须知学道人底祸福与世人所谓祸福迥别：盖知常而返本，即自求之福也；不知常而妄作，即自求之祸也。岂不互相倚伏，如影之随形，响之应声乎？倘能一念回机，则生杀之关立转，一切妄作妄为者，未尝不可知常而返本，其转移之机关只在反掌间。盖妄即变而为常，即无所不变矣，从此殃可变庆，凶可变吉，灾可变福。宇宙在手，万化生身，而为造物之所不能杀矣。祸福倚伏亦本《道德经》，以申言上章杀机反复之意。

要得谷神长不死，须凭玄牝立根基。

真精即返黄金屋，一颗明珠永不离。（其五）

此章言转两为一，乃金丹立基之功也。《道德经》云："谷神不死，是为玄牝。玄牝之门，是谓天地根。"谷神即本来面目也。谷取其至虚，神取其至灵，至虚至灵之机只在当下。当下寂然不动，当下感而遂通，其来无首，其去无尾，谷神本自无生，何有于死！便从此无生中生生不息，而天地万物皆从此出，即是道生一，一生二，顺而出之以为生机者也。若要逆而返之以为杀机妙用，须从玄牝立基，坎中真阳为玄，是名有中无，命之寄于身者也；离中真阴为牝，是名无中有，性之寄于心者也。两者一合，丹基乃立，谷神自然长存，故曰："要得谷神长不死，须凭玄牝立根基。"玄牝二物会归中黄，先天至精妙合而凝，何啻赤水玄珠得于罔象？一得永得，自然须臾不离，故曰："真精既返黄金屋，一颗明珠永不离。"夫真精既返，玄牝之基立矣。玄珠成象，岂非谷神长不死者乎？此转两为一之初基，即转杀为生之妙用也。

玄牝之门世罕知，休将口鼻妄施为。

饶他吐纳经千载，怎得金乌搦兔儿？（其六）

此章申言玄牝妙用，非旁门所知也。玄牝之与谷神，其体则一，其用则二，名之以一有一无，象之以一乌一兔，张弛阖辟，旋乾转坤，太上所谓“玄牝之门，是谓天地根”者也。旁门不知其妙，错认“绵绵若存”一句，妄以口吐鼻纳为玄牝作用，谬甚矣！岂知玄牝二物不过真阴真阳，离中真阳象日中金乌，坎中真阳象月中玉兔。两者会合，主宾颠倒，自然相擒相制而结金丹。《阴符经》所谓“擒之制在炁”也。若但以口鼻吐纳为功，纵饶千秋万岁，真阴真阳依然间隔，怎得金乌搦兔之妙用乎？此玄牝之门举世所以罕知也。

异名同出少人知，两者玄玄是要机。

保命全形明损益，紫金丹药最灵奇。（其七）

此章申言金丹之要，断在玄牝也。《道德经》首章云：“故常无欲以观其妙，常有欲以观其徼。”又曰：“此两者同出而异名，同谓之玄。”正与玄牝之说互相发明，但世人知之者希，祖师特为剖晰之。常无者，即玄也、阳也、主也，在人为真性；常有者，即牝也、阴也、宾也，在人为真命。一分为二，是为异名；二本乎一，是为同出。学人能从有入无，返乎先天，是为玄玄之要道矣，故曰：“异名同出少人知，两者玄玄是要机。”有无之体虽一，作用却分两般，有为所以保命，当加日益之功；无为所以了性，当明日损之妙。损之又损，以至于无，自然形神俱妙，超脱而变化矣，故曰：“保命全形明损益，紫金丹药最灵奇。”水火相配合成紫色，即金丹法象，有无交入，性命齐了，岂非玄玄之妙道乎！

不识阴阳及主宾，知他哪个是疏亲？

房中空闭尾闾穴，误杀阎浮多少人！（其八）

此章言独修一物之非道也。盖有无同出之谓玄，一阴一阳之谓道，

所以金丹之功必须性命全修。篇中所说阴阳，直接性命而言。只此性命两字，在先天为乾坤，在后天为坎离，此两者有宾有主，有亲有疏，学人宜细辨之。世人但知以离为性，不知离中之阴，乃后天识神，逐境流转者也。学人仿佛依违便以此为见性，何异认贼作儿子，未免以宾为主，应疏而反亲矣。但知以坎为命，不知坎中之阳，即先天乾性，万劫不坏者也。学人未遇真师，转斥此为外物，何异贫子觅衣珠，未免以主为宾，应亲而反疏矣。此毫厘千里之差，不可不辨者也。今世学道者但闻清静之说，便牢闭六窗，灰心静坐。内不出，外不入，其象为“房中空闭尾闾穴”，即所谓“独修一物是孤阴”者也。只因不辨宾主亲疏，未明玄玄大道，并其所守之一物亦非矣，误尽世人，可胜道哉！昔马祖在南岳，一味坐禅，南岳让公启以磨砖岂能作镜，复示以打牛打车之机，始豁然开悟。会得这则公案，便会得此章关键矣。

先且观天明五贼，次须察地以安民。

民安国富方求战，战罢方能见圣人。（其九）

此章言复命之功即金丹作用也。独修一物即非大道，彼金丹大道何如哉？欲修金丹，必须洞晓阴阳，深达造化。《阴符经》云：“观天之道，执天之行。”又云：“天有五贼，见之者昌。”五贼者五行，天之所以造化万物，即人之所以自造自化者也。若不明互生互杀之妙用，怎得成丹？故欲执天之行，必先观天之道，内观洞然，才好下手。身中造化不离方寸地，此地兼摄坎离二用，察之则主立矣。主立则六根归元，听命天君，是谓“民安”。三宝内敛，外邪不生，是谓“国富”。从此坎离交姤，方结金丹，有龙争虎斗之象。交姤之时，六根大定，意识不行，五贼皆束首受我驱策，阴魔扫迹，有战胜之象。自此露出本来面目，便是圣胎，而见自己之圣人矣。以复命而兼了性，与天地合其德，方称大道。下章遂言战胜之功用。

用将须分左右军，饶他为主我为宾。

劝君临阵休轻敌，恐丧吾家无价珍。（其十）

此章申言金丹作用，当明辨宾主以还真也。战胜而见圣人，金丹之道圆矣。然方战之时，其功不可不慎。左属阳，右属阴，离为太阳，左也，而实阳中之阴，则居左而反为宾矣；坎为太阴，右也，而实阴中之阳，则居右而反为主矣。所谓“用将须分左右军”也。学者以见性为主，离光是也，奈何中藏阴气，识神尚存，实未得为见性。一点乾家真性寄体坤中，坎中元炁是也，以其未即来复也，故谓之他；以其为我家故物，故必须让他作主。彼即作主，我反为宾矣，主宾互换，颠倒之妙也。其初先用离中真阴，回光返照，既而取出坎中真阳，反本还源，识神死尽，真性才得现前，此如大将临阵先擒其王。真种到手，阴邪自散，但中间进退之宜全仗调停火候，如大敌之不可轻。倘临炉之时，一念妄动，则坎中真阳不可得而取，是“丧却吾家无价珍”也。可不慎乎！此章当与上两章参看，方知宾主颠倒之妙。更有下劣旁门，以此章轻敌、上下战胜等句，附会作采阴邪说，诳惑世人，丧身失命，生当受雷霆之诛，死当入无间地狱矣。

三才相盗食其时，此是神仙道德机。

万化既安诸虑息，百骸俱理证无为。（其十一首）

此章申言复命之功，从有为以入无为也。首章原本《道德经》，言“道生一，一生二，二生三”，三才之道备矣。只此三才，顺之即凡，逆之即圣，学道者窃造化之机而用之，岂难超凡入圣乎？《阴符经》云：“三盗既宜，三才既安。”又曰：“食其时，百骸理。动其机，万化安。”盖大丹造化以天为鼎，以地为炉，以日精月华为药物，人居其中运行周天火候，此丹道逆用之三才也。然有两种作用：以小周天而言，当先取坎中之阳补离中之阴，水火既济，会于中黄，金丹产在炉中矣，其机在候活子时到，以为采取之功。以大周天而言，坤反居上，乾反居下，天地反复交在昆仑，还丹收归鼎内矣，其机在候正子时到，以为锻炼之准。两种作用内外交通，始得参合三才，结而成丹，无非以真意和合身心，使元精、元炁妙合而凝，谷神自然长存。人但知为神仙妙诀，不知此乃修德凝道中一段自然机用，即归根复命之要道也。锻炼之后，身心大定，天君坐镇中央，寂然不动，而五官四肢、三百六十骨节、八万四千毛孔，元炁周流，一切归命中黄正位。譬如北辰居所，而众星自拱，又如阳回寒谷，大地皆春，可谓各正性命而保合太和矣。岂非万化既安，诸虑尽息，百骸俱理，而得证无为者乎？此章言会三归一，从有为以入无为，正与首章相应。盖即《阴符》之作用，契《道德》之自然，摄用归体，以了命而兼了性者也。

《阴符》宝字愈三百，《道德》灵文止五千。

今古上仙无限数，尽于此处达真诠。（十二首）

此章标两经宗旨，以示大道之渊源也。大道非师不传，非经不印，经者千圣相传之心印。然三洞真经不啻数千卷，独推《阴符》《道德》两经开山作祖者，以其道合天人，为穷理尽性至命之真诠耳。然两经宗旨同而不同，异而不异：《道德》直指自然之本体，其道从无入有，其机主顺；《阴符经》专提归根之作用，其道从有入无，其机主逆。即如篇中所引虚无一炁，顺也；继以知常返本，则逆矣。同出异名，顺也，继以察地安民，则逆矣。至于谷神之妙，先从玄牝立基，则顺而未始不逆；相盗之机，究竟无为得证，则逆而未常不顺。此又见《道德》、《阴符》有无不二，性命同源之妙也。然两经文字极其简奥，《阴符》字仅三百，《道德》文止五千，自古上仙大圣，皆从此得大受用；后来著书立说者，终不能出其范围，诚哉！其为穷理尽性至命之真诠也已。

契论经歌讲至真，不将火候著于文。

要知口诀通玄处，须共神仙仔细论。（十三首）

此章言火候之秘必假师传也。《阴符》《道德》两经，垂示真诠，为万古学道者作指南针。然其书乃直指归根复命至真之要道，尚未落丹经诸名相也。至汉魏伯阳真人始准易象作《参同契》，建立鼎炉、药物、火候诸名相。大约以乾坤为鼎炉，以坎离为药物，以余六十卦为周天火候，意玄而语奥，遂称丹经鼻祖。从此接踵而起者，有论有经有歌，横说竖说，无非以寓言发明至真之理。其所陈者，卦爻铢两；所用者，年月日时。此特火候之名相耳。至真之诀，虽隐然在中，却又引而不发，其中玄妙，须得圣师口口相授，片言指破天机，则纸上陈言总是源头活水，紫清真人所谓“都来半句，贯串万卷丹经”是也。不则双眼黑漆漆地，纵有解会，一似镜里观花，水中捉月，从何处着眼？从何处下手哉？

饶君聪慧过颜闵，不遇师传莫强猜。

只为丹经无口诀，教君何处结灵胎？（十四首）

此章言金丹大道，非师传不明也。上章言口诀必待师传，信矣。或疑世有聪慧绝人者，似可无待于师，殊不知性由自悟，命假师传，自古到今，未有无师而得证尽性至命之大道者。所以黄帝拜访于崆峒，孔子特询乎柱下，此两圣者岂非慧过颜闵者哉？彼其求师问道何其勤勤，正以道妙不可强猜耳。即如《阴符》《道德》两经所言知常返本、察地观天底道理，只在眼前，然未遇真师，无异水中捉月，镜里观花，令人何处下手？又况后来丹经所述药物、火候之秘，曲譬广喻，名相离奇，有不目眩神惊者乎？明之尚且不易，矧能如法行持以结圣胎乎？学道者当急访真师以求真诀，毋得蹉跎岁月也。然则丹经竟无用乎，曰真诀元只在丹经中，正如僧繇画龙一般，未经点眼尚是壁间之龙，一朝点出便破壁而飞去矣。点眼之妙存乎真师。

梦谒西华到九天，真人授我指玄篇。

其中简要无多语，只要教人炼汞铅。（十五首）

此章言真师口诀只在汞铅二物也。汞本无质，喻妙有中真空；铅却有形，喻真空中妙有。妙有中真空即先天祖性，乾是也；真空中妙有即先天元命，坤是也。在后天性寄于心，故乾破为离，离之中虚者乃真汞也；命寄于身，故坤实成坎，坎之中实者乃真铅也。学道者能取坎中之阳，点离中之阴，才复还先天乾体，此炼后天两物以成金丹也。到得两物合体化作先天一炁，始号真铅，却又只是一物，此名外药。复加采取而烹炼之，一点落在黄庭，凝结圣胎，此名内药。更须抽铅添汞，炼之又炼，返于虚无，始称真汞。铅尽汞干才得超凡入圣，此炼先天一炁以成大还丹也。大抵以真铅喻身，真汞喻心，炼真铅所以了命，炼真汞所以了性。性命齐了，大道毕矣。岂非至简至易之真诠乎！我紫阳张祖当年于西蜀成都青城山面遇海蟾刘祖，拜受金丹秘诀，后因误传获谴，隐名著书，遂并其师承而隐之。篇中性命微言皆从刘祖口授，而付之一梦，其意良深。以西蜀为西华，以真授为梦授，以“指玄”二字隐跃《悟真》，无非活句；若作实法会，即是痴人说梦矣。

用铅不得用凡铅，用了真铅也弃捐。

此是用铅真妙诀，用铅不用是诚言。（十六首）

此章揭示真铅之妙用也。上章铅汞对举，而此单举真铅者，点出金丹大药，令人知下手处也。盖真铅是先天一炁，从虚无中来者，凡铅乃凡精凡气也。然对坎离二物而言，身中凡精凡气总属凡铅；对先天一炁而言，则离中至阴之精、坎中至阳之炁，又属凡铅矣。直到二物会合，产出一点真种，才算得真铅。真铅即金丹也，即所谓先天一炁从虚无中来者。学者既识得此真种，采取而锻炼之，是名金液还丹。更加温养乳哺之功，损之又损，以至虚无，消尽后天阴滓，浑然一片先天法身圆明，与太空同体，是并其真铅而弃捐之矣，况凡铅乎？虽不用铅，其初却又用铅；虽似用铅，究竟又不用铅。从有为而入无为，即了命而兼了性。岂非西华所授之妙诀，即从上诸祖之心印乎？古诗云："用铅不用铅，须向铅中作，及至用铅时，用铅还是错。"正见用而不用，不用而用，颠倒倒颠之妙，凡篇中所云真铅皆与此同看。

竹破须将竹补宜，抱鸡当用卵为之。

万般非类徒劳力，争似真铅合圣机。（十七首）

此章申言真铅为还丹真种也。真铅固是先天一炁，不落形质，然必须后天同类之物有以致之。盖后天不得先天，无以变化，先天不得后天，无以招摄。离中至阴之精，坎中至阳之炁，虽属后天，即真铅之所自出也。两者一合，真铅自生。此中招摄之妙，有如用竹补竹，用卵抱鸡，自然无中生有，返本还源。后天形质才得真铅点化，自然超凡而入圣矣。除却坎离二用，总属非类，何以致真铅而合圣机哉？

未炼还丹莫隐山，山中前后尽非铅。

此般至宝家家有，自是时人识不全。（十八首）

此章言真铅作用，不可偏于守静也。坎离两物会合方称真铅，真铅即金丹也。既得真铅，再加向上工夫，采取而锻炼之，方称金液还丹。还丹既得，更加九年面壁之功，直到一尘不染，万境皆空，才合隐山法象。还丹未就，且当求之于廛市可也。若便灰心冥目，关闭六窗，隔绝前后，则外药之用从何而生？故曰："未炼还丹莫隐山，山中前后尽非铅。"真铅之体产自先天，虽则人人具足，然非真师点破，识之甚难。非金石凡药，非彼家邪秽，并非身中精气。倘离此数者，息心内守，又未免独修一物，落断灭种性边见。如入深山而求铅，必不可得矣。可惜至宝不遇真师点破，遂致人人觌面蹉过，故曰：“此般至宝家家有，自是时人识不全。”此章言复命之功，不专守静隐山之象，甚奇！当与居廛市、闭尾闾两首参看，方知其奥。

虚心实腹义俱深，只为虚心要识心。

不若炼铅先实腹，且教守取满堂金。（十九首）

此章言立命之功先于了性也。《道德经》云:“虚其心，实其腹。”此句意义深远，举世莫能窥测。盖实腹是有为之功，所以了命；虚心是无为之妙，所以了性。心体本同太虚，空空洞洞，万象俱涵，一物不著，人能一念回机，直下识取本来面目，则心不期虚而自虚矣。此乃高上之士先了性而后了命者，所谓修上一关盖下二关也。中下之流到此便无站脚处，不若先做炼铅工夫以实其腹，命根既固，方可徐徐了性。然真铅亦未易炼也。凡夫心扰欲牵，刻刻向外驰求，耗散本来，如金玉满堂莫之能守。何以守之?只索收视返听，绝利一源，以招致先天一炁而已。六根大定，返乎先天，是为真铅。真铅既得，命基永固，而腹先实矣。炼之又炼，从有为入无为，直到性地圆明而心亦虚矣。虚心实腹二义虽有了性了命之殊，而未尝不同归，可见圣意虽深远难测，而未尝不可测也。以上数章俱发明先天真铅之妙，欲炼真铅，必须从取坎填离起手，故下章紧接坎离二物。

日居离位反为女，月配蟾宫却是男；

不会此中颠倒意，休将管见事高谈。（二十首）

此章言坎离颠倒之妙，乃真铅所自出也。金丹之要只在真铅，真铅之用不出坎离二物。离为日，日乃太阳真火，是先天乾父法象；不知乾破为离，乾父反为中女矣。坎为月，月乃太阴真水，是先天坤母法象；不知坤实为坎，坤母反为中男矣。此先天转作后天颠倒之妙也。若能再一颠倒，则离中一阴复归于坤，坎中一阳复归于乾；亲上亲下，各从其类，后天不又转作先天乎？不会此中颠倒之妙而高谈阔论，何异以管窥天，可发一笑。世人不知道而妄谈道，祖师所以三叹也。颠倒之妙详见下章。

震龙汞出自离乡，兑虎金生在坎方，

二物总因儿产母，五行全要入中央。（二十一首）

此章言金木之用总归真土也。丹道以水火为体，坎离是也；以金木为用，震兑是也。究竟四象不离二体，后天震居东，即先天离位，所以震中汞木出自南方离火，所谓龙从火里出也；后天兑居正西，即先天坎位，所以兑中铅金生自北方坎水，所谓虎向水中生也。火反生木，水转生金，母子颠倒，故曰："二物总因儿产母。"东三、南二、北一、西四，会归中黄真土，始成金丹，故曰："五行全要入中央。"上章言水火以立体，此章言金木以致用，合之而四象全矣，其要只在中土。

离坎若还无戊己，虽含四象不成丹。

只缘彼此怀真土，遂使金丹有返还。（二十二首）

此章言真土之功，能和合四象而成金丹也。真土者，真意之别名也。当其寂然不动，是为己土；及其感而遂通，是为戊土。其体则一，其用则二。体在中宫，用寄坎离。盖坎中纳戊，离中纳己，若非流戊就已，则金木水火各散而不能成丹。惟真意一到，才能调和身心，摄伏魂魄，四象合做一家，返本还源只在刹那间，而金丹大药结矣。真土之功不亦大乎！

火生于木本藏烽，不会钻研莫强攻。

祸发必因斯害己，要须制伏觅金公。（二十三首）

此章言金木相制之功也。上章说四象归于戊己，是总言金丹妙用，此又分而言之。木体喻人生而静之性，木中生火喻感物而动之情。情藏于性，本自寂然，只因六根门头触境逢缘，处处粘著，引起业识倏生忿欲。忿欲一起，即能焚却太和元炁；犹之火藏于木，本自宴然，只因钻木发火，烽烟一发即能烧却本身矣，所谓“祸发必克而害己”也。此岂可以私智钻研，强为攻治乎？必欲制伏，非水中之金不可。盖木性轻浮，金性镇重，木汞本流走不定，一见金铅自然受制，六根门头处处勒转，才得转识成智，返情为性，从此定水湛若，慧火长明，忿不惩而自惩，欲不窒而自窒，而寂然不动矣。金既制木，水即制火，岂复有祸发必克之患乎？此即金丹颠倒之妙也。

金公本是东家子，送在西邻寄体生。

认得唤来归舍养，配将姹女结亲情。（二十四首）

此章言以铅入汞也。先天羲易本离东而坎西，故取东家西邻之象。金公是坎中真阳，因乾破成离而陷坤宫以成坎者，岂不犹东家子而寄养西邻者乎？真阳虽然流落在外，面目依稀，急须认取。倘能以真意为媒，取出坎中真阳，配合离中真阴，二物归于土釜，金情木性自然两相和协，金丹得就矣。岂不犹配姹女而生婴儿者耶？此亦颠倒之妙也。

姹女游行各有方，前行须短后须长，

归来却入黄婆舍，嫁个金公作老郎。（二十五首）

此章言以汞投铅也。离中流珠喻后天之心，其性喜走，出入无时，流连前境，未肯退藏，若女子之好游。然本自一精，明分为六，和合六根六尘，随其所向而昼夜奔驰，何时得休歇乎？不知涉境则览物招愆，退藏斯安身得地。譬如女子在母家之日宜短，在夫家之日宜长，自有一定安身立命底所在，故曰：“姹女游行各有方，前行须短后须长。”学道之士必须刻刻回机，时时返照，把这点流珠收归中黄神室，即取坎中真阳以制伏之。若女子嫁夫之后，宜室宜家，克相夫子而不敢妄动矣。故曰："归来却入黄婆舍，嫁个金公作老郎。"离宫取得坎中一阳，返而为乾，老郎之象。此与上章反复一意，上章言招男以配女，此章言嫁女以配男，总是坎离颠倒法象。祖师以世间法喻出世法，大煞婆心，令学人易晓耳。切不可泥男女字面，流入淫秽，以招上苍重谴也。

取将坎位心中实，点化离宫腹内阴；

从此变成乾健体，潜藏飞跃总由心。（二十六首）

此章直言取坎填离，复还乾体，乃金丹之关键也。自《日居离位章》言乾坤颠倒而为坎离，以下章章说坎离。盖后天之坎北离南，即先天之乾坤也；后天之震东兑西，即先天之坎离也。水火，坎离之体也；金木，坎离之用也。坎中纳戊，离中纳己，是为真土，调水火而和金木者也。金木喻为龙虎，水火喻为铅汞，铅又喻名金公，汞又喻名姹女，真土又名黄婆。千言万语，究只是一坎一离。坎中一阳依然先天乾体，道心之象也；离中一阴夹带后天坤质，人心之象也。道心本纯乎天理，人心则未免流入私欲矣。学道之士观天道而执天行，能取坎中天理之阳，点破离中人欲之阴，是为克己复礼，从此人心悉转为道心，而乾体复矣。盖由惟精以致惟一，即颠倒之妙也。其初乾坤颠倒而为坎离，先天遂转作后天；其既坎离颠倒而为乾坤，后天仍转作先天矣。乾体既复，变化乃生，六位之中，或潜或现，或跃或飞，周天火候之枢机，便是乘龙御天之作用。千变万化，一切惟心。所谓"乾元用九，乃见天则"，而出圣入神之基得矣。取坎填离为金丹彻底关键，此章结上以起下，又为篇中通身关键，读者急须着眼。

先把乾坤为鼎器，次抟乌兔药来烹。

既驱二物归黄道，争得金丹不解生？（二十七首）

此章括言金丹之要道不离于有作也。上章言取坎填离以还乾体，即金丹之要道也。然使不知安炉立鼎烹炼药物，则丹道何由而成乎？乾上坤下为坎离之匡廓，即鼎器也；日乌月兔乃乾坤之精髓，即药物也。学人于二六时中，先要收视返听，须臾不离，从此身心混合，自归并中黄神室。故曰："先把乾坤为鼎器，次抟乌兔药来烹。"身心既混合而归中黄，三家相见，自然打成一片而结圣胎，火候在其中矣。故曰："既驱二物归黄道，争得金丹不解生。"据星家书，月行有九道，其中央为黄道，日月会合只在黄道中间。乌兔即日月也，日月即坎离也，安炉鼎而抟药物，即上章所云取坎填离也；归黄道而生金丹，即上章所云变成乾体也。只此四句而鼎炉、药物、火候无不该具，故曰此括言金丹有作之要道也。下章乃逐节分言之。

安炉立鼎法乾坤，锻炼精华制魄魂，

聚散氤氲成变化，敢将玄妙等闲论！（二十八首）

此章申言安炉立鼎之妙用也。日中乌为日精，月中兔为月华。日本太阳真火，月为太阴真水。太阴之体本来黑而无光，映日中太阳真火乃生其光。其黑而无光处所谓地魄也，其映日而生光处即所谓天魂也。两家合成，元是一物。人身之真日真月亦然，离外阳而内阴，其中一阴乃太阳之真精也；坎外阴而内阳，其中一阳乃太阴之真华也。学道之士必须以离中真火返照坎宫，坎中之金华自出而应之，正犹月魄生明而一阳来复矣。所以金丹下手工夫必先安炉立鼎，而后锻炼药物。收视返听乃安炉立鼎之初功，身心一如则锻炼制伏之妙用也。身心会合打成一片，真种才得入手，而有氤氲变化之证验。孰知天魂地魄，总是一机；日精月华，元非两物。其中机窍至玄至妙，必须真师亲授，岂可看作等闲家具而高谈阔论乎！孟子所谓难言者，此也。此章单言安炉立鼎，而药物、火候已在其中。

咽津纳气在人行，有物方能造化生。

鼎内若无真种子，犹将水火煮空铛。（二十九首）

此章申言药物须得丹头也。金丹一道，既知安炉立鼎，便须讨论药物。药物之伪者，人人能行之；一说到真种子，则举世茫然矣。试看咽津纳气，不过旁门小道，其中亦必有主宰底人行之方验，况金丹大道，乌有其中无物而能自造自化者乎？太上云："有物浑成，先天地生。"此物生天、生地、生人，无所不造，无所不化。在人为未生以前面目，万劫不坏底元神；在丹道为真意，即炼药之丹头也。即如婴儿在母胎时，母呼亦呼，母吸亦吸，浑然而已，及至气足形完，一点灵光入于其中，才得囫地一声而成人。金丹作用亦复如是，必真意大定，收取一点元神安住中宫，然后精凝气聚结成胚胎，从此归根复命，宇宙在乎手，造化生乎身矣。故曰："有物方能造化生。"物者，浑成之物，即真种子也，即中黄真意也。学者若不知安一点于中宫，则神室中无主人，精炁暂结终散，若空铛然，虽强以水火烧煮，而大药之丹头先失矣。故曰："鼎内若无真种子，犹将水火煮空铛。"此祖师提示丹头吃紧为人之句，须知此处淆讹不少。一切旁门罕知真种，除彼家炉火而外，有以凡精为真种子者，有以凡气为真种子者，有以昭昭灵灵底识神为真种子者，所谓"无量劫来生死本，痴人唤作本来人"也。昧却本来人，何处更觅真种子乎？此章言真种，而鼎炉、火候已在其中。

纵识朱砂及黑铅，不知火候也如闲。

大都全藉修持力，毫发差迟不作丹。（三十首）

此章申言金丹之要全仗火候也。学道者既识真种，才用得坎离二物。朱砂乃离中之汞，黑铅乃坎中之金，此即金丹药物也。识药犹易，行火甚难。盖火非药不生，药非火不成。若徒知药物而不知火候，岂能有所就哉！火候之秘只在真意，大约念不可起，念起则火燥；意不可散，意散则火冷。只要一念不起，一意不散，时其动静，察其寒温，此修持行火之功所以倍难于得药也。倘毫发有差，则一刹那间铅飞汞走，大药丧在俄顷矣，可不戒哉！究竟火候二字何所着落？真火者我之神，真候者我之息，以火炼药而成丹，即是以神驭炁而证道也，此火候之真种子也。

此章专言火候，而药物、炉鼎已在其中。须知炉鼎、药物、火候名虽分三，其实则一，皆是空名而无实义，非圆机之士何足语此。

黑中有白为丹母，雄里藏雌是圣胎。

太乙在炉宜慎守，三田聚宝应三台。（三十一首）

此章言三家相见为金丹至宝也。如上所云鼎炉、药物、火候，分而言之也，此又合而言之。药物之秘，无过坎离，黑中有白乃坎中赫赫之至阳，雄里藏雌乃离中肃肃之至阴。此两者乃金丹之母，而圣胎之本也。两者交通成合，是名太乙含真炁，而真种已在炉中矣。学者到此，只消用天然真火，知黑守白，知雄守雌，绵绵若存，勿忘勿助，元精自然化炁，元炁自然化神，元神自然还虚。身中三宝会聚三田，而应上天三台之象矣。此言会三归一以成金丹也。

恍惚之中寻有象，杳冥之内觅真精。

有无由此自相入，未见如何想得成？（三十二首）

此章言两弦之炁合而成金丹也。盖金丹大药非坎离二物交会无由而成。《道德经》云："恍兮惚兮，其中有物；杳兮冥兮，其中有精。"恍惚中有物是谓无中有，指离中真阴也；杳冥中有精是谓有中无，指坎中真阳也。于恍惚之中而寻有象，杳冥之内而觅真精，此乃不寻而寻，不觅而觅，便是真意作用。打合两家，会归中土，有无从此交入矣。然此恍惚杳冥乃实地，非虚景也，学人须亲见亲证一番，大药才得成就。若未见而想象之，何啻水中捉月，镜里观花，其能成就金丹大药乎？

长男乍饮西方酒，少女初开北苑花。

若使青娥相见后，一时关锁在黄家。（三十三首）

此章言金木交并以结金丹也。丹道以水火为体，金木为用。震是长男，即离中木液也，龙也，汞也；兑为少女，即坎中金精也，虎也，铅也。丹道驱龙就虎，离中木液先到西方，坎中金精即出水以应之。故曰："长男乍饮西方酒，少女初开北苑花。"此龙虎初弦之炁也。二炁

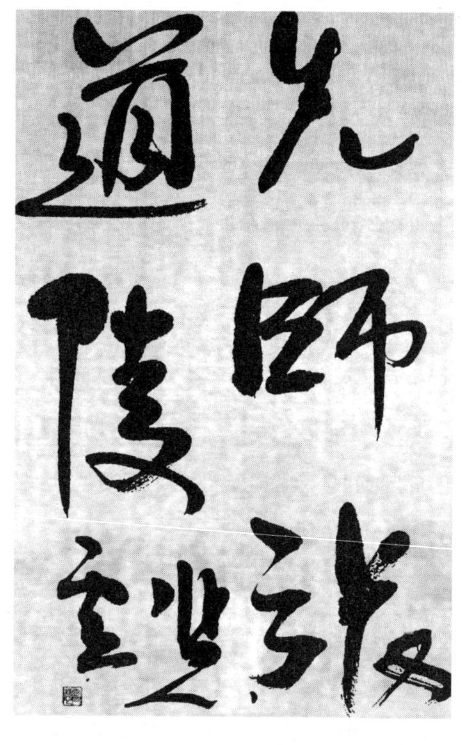

将见未交之际，只在一时，须得真意和合，引归中黄正位，从此金木交并而结一黍之珠矣。故曰："若使青娥相见后，一时关锁在黄家。"青者，东方之色；娥者，少女之象；相见者，喻震兑始交也。自此以下俱言并两为一金丹作用。

华岳山头雄虎啸，扶桑海底牝龙吟。

黄婆自解相媒合，遣作夫妻共一心。（三十四首）

此章申言金木交并以结圣胎也。华岳山是西岳，西为金方，数得四。虎本属阴，雄虎乃阴中之阳，盖言坎中真铅，即金情也。扶桑海是东海，为木位，数得三。龙本属阳，牝龙乃阳中之阴，盖言离中真汞，即木性也。龙吟云起，虎啸风生，两物相交，有夫妇之象，更以真意为黄婆，媒合两象，使木性金情并而为一，归到中黄，而圣胎结矣。此亦金丹法象也。

西山白虎正猖狂，东海青龙不可当。

两手捉来令死斗，化成一片紫金霜。（三十五首）

此章申言金木交并以产大药也。西山白虎，即华岳山头雄虎；啸，喻身之不易伏也。东海青龙，即扶桑海底牝龙；吟，喻心之未易降也。惟能以真意浑合身心，打成一片，此则把柄在手，并两归一，而大药生，自然化成紫金霜矣。与上章大略相似。

赤龙黑虎各西东，四象交加戊己中。

复姤自兹能运用，金丹谁道不成功？（三十六首）

此章言和合四象以成金丹也。以上俱言金木二用。究竟西方兑金，出自北方坎水；东方震木，出自南方离火，言二用已该四象矣，故不曰青龙白虎，而曰赤龙黑虎。坎中纳戊，离中纳己，即中央真土也。和合四象会于真土之中，所谓“精神魂魄意，攒簇归坤位”，而金丹大药产矣。从此一阳为复而动荡乎东北，一阴为姤而收敛乎西南，两弦一炁合而为一，金丹之功岂不既成乎？

月才天际半轮明，早有龙吟虎啸声。

便好用功修二八，一时辰内管丹成。（三十七首）

此章言采龙虎两弦之炁以结金丹也。月圆于既望，人皆知为金丹法象，不知月之所以圆，由两弦之炁合成，即《参同契》所谓“二八共一斤”也，用半轮即用一轮也。上弦兑，体象白虎；下弦艮，体象青龙，所谓以身心分上下两弦也。身心交会，便有龙吟虎啸之象，即以真意摄伏身心，两弦合成一炁，收归坤炉，不出一时辰中，而金丹已成矣。通上数章俱说打合龙虎两弦之炁，以结金丹，不出一时而丹成，见其至简至易也，孰知一时亦虚象哉！

赫赫金丹一日成，古仙垂语实堪听。

若言九载三年者，总是推延款日程。（三十八首）

此章言金丹之妙道，机决于一日也。上章言取龙虎两弦之炁以结金丹，而一时即成，可见金丹一道至简至易，虽愚昧凡夫，得之立超圣地矣。奈世人不知大道之简易，又为丹经中九载三年之说所惑，尚然疑根未净，妄起下劣之见，耽误一生。岂知得丹之候究竟极其简易乎？古仙云：“本来真性号金丹，四假为炉炼作团。”既知金丹是本来真性，则上根利智当下可以了得。一旦放下身心，不染不著，心地廓然，真性自见，性复而命在其中矣。金来归性乃称还丹，故曰：“赫赫金丹一日成。”此即达摩西来所谓一念回机便同本得、孔子告颜渊所谓一日克己复礼天下归仁底境界，实乃向上一机，千圣心印，不特古仙垂训，抑亦三教同源，学人所宜直下承当者也。才说九载三年，便是钝根小器推诿迁延、玩日愒月之曲说，岂笃论乎！彼盖不知真性现前，无可推诿处，无可迁延处也。然则丹经所云九载三年之说何居？曰理须顿悟，如初生孩子顿具百骸；事以渐修，如长养成人必经岁月。纵使积累之功，毕竟要到三年九载，何妨于一日之顿具乎？噫，根性猛利者当从此单刀直入矣。或疑上章既言一时，此章何以又换作一日？殊不知一时一日总虚象也，只要识得迅疾之机、攒簇之妙，一任易时为日，易月为时，无所不可。

敲竹唤龟吞玉芝，鼓琴招凤饮刀圭。

近来透体金光现，不与凡人话此规。（三十九首）

此章申言金丹之证验也。上章言金丹成于一日，似乎至简至易，没甚奇特。然其中证验可与智者道，难与俗人言也。姑以法象言之，仍不外坎离二物。竹者，虚中之物。龟乃北方玄武之象，喻坎中一阳。玉芝喻离中真阴，所谓朱里汞也。琴者调和之器，喻黄婆也。凤乃南方朱雀之象，喻离中一阴也。刀圭喻坎中真阳，所谓水中银也。作丹之功，以中宫真意为主，必先放下万缘，虚心内照，倏然唤起坎中真阳，来与离中真阴交会，即以真意调和，招摄离中真阴，自然与坎中真阳相亲相爱，合为一炁。故曰："敲竹唤龟吞玉芝，鼓琴招凤饮刀圭。"两弦合体结成金丹，从此美在中而辉生，宇泰定而光发，透顶透底放出金色宝光，自然照天照地，函盖乾坤，此等境界岂一切下劣凡夫所能窥测乎？彼尚群疑满腹，诸妄塞胸，话之何益？故曰："近来透体金光现，不与凡人话此规。"此系金丹确实证验，非世人一切妄见虚象可以冒昧承当者，故我祖特地叮咛而赞叹之。

偃月炉中玉蕊生，朱砂鼎内水银平，

只因火力调和后，种得黄芽渐长成。（四十首）

此章言并两归一而产药也。以上诸章言两弦之炁和合为一，而金丹大药产矣。然非火候调停得宜，大药未易生也。偃月炉即玉池也；玉蕊乃坎中真阳，即所谓水中银也。朱砂鼎即金鼎也；水银乃离中真阴，即所谓朱里汞也。两者不可偏胜，贵得其平。然燮理之功全仗火候调停而和合之，必须一念不起，一意不散，火候既足，真种自生，刹那之间黄芽渐渐长成，勃然出土矣。此言产药时温养火候，不可不细参也。

休泥丹灶费工夫，炼药须寻偃月炉。

自有天然真火育，何须柴炭及吹嘘？（四十一首）

此章言产药时真火候也。上章炉鼎对举，而此直曰偃月炉者，正指大药将产，一阳初动之时也。何为偃月？只因坎中真阳与离中真阴天然配合，神炁相守，息息归根，有如晦朔之交，日月合璧。月魄既受日魂以成胎，至初三日庚方之上露出一钩，金性乃成偃月之象，在卦象为震仰盂，亦主一阳初动，即大药入炉真法象也。此惟委志虚无，湛然长寂，直到虚极静笃，方可以致之。与后天一切渣滓之物，并一切起炉作灶杜撰工夫并没干涉。故曰：“休泥丹灶费工夫，炼药须寻偃月炉。”真药既产，须假真火以炼之，所谓真火者，岂有他哉？只是息息归根，一念不起，一意不散，以俟真种之自化自育而已。岂待渣滓之物一毫帮补，与夫矫揉之功一毫费力哉？故曰：“自有天然真火育，何须柴炭及吹嘘。”此章紧接上章明示产药之候，使学人知时而用火耳。

前弦之后后弦前，药味平平气象全。

采得归来炉内煅，炼成温养似烹鲜。（四十二首）

此章言大药入炉，当加温养之功也。上章但言炼药须寻偃月炉，孰知两弦之炁便是金丹大药乎。前弦即上弦也，后弦即下弦也。上弦金半斤，黑中有白；下弦水半斤，白中有黑。白者金精，黑者水魄。但上弦之光前黑而后白，下弦之光前白而后黑，白处各得半轮，此云前弦后、后弦前，盖专取水中之金也。两个半轮合成一轮，气象各得其平，月斯圆，药斯产矣。由是采归偃月炉中煅炼而温养之，不敢躁急，不敢挠动，勿忘勿助，绵绵若存，火候既到，大药自然圆熟。《老子》云“治大国，若烹小鲜”，其此之谓乎？究竟何为上下两弦？身心是也。以真意和合身心，打成一片，便是煅炼工夫；又于意中忘意，便是温养工夫，切莫添出支节。此系产药时养火之功，当与下章卯酉沐浴同看。

兔鸡之月及其时，刑德临门药象之。

到此金丹宜沐浴，若还加火必倾危。（四十三首）

此章言金丹沐浴之功也。上章只说温养，而沐浴已在其中。此又发明卯酉二用、刑德并合之义，正见不可不沐浴。以法象言之，在一岁为二八两月，在一日为卯酉二时，大约是指点沐浴之候，切不可泥象执文。卯属兔，酉属鸡。木液旺在卯，此时阳中阴半，木中藏金，生处带杀，是德中有刑矣。金精旺在酉，此时阴中阳半，金中藏木，杀处带生，是刑中有德矣。两弦真炁交会，只在一时间，此乃大药入炉，金丹凝结之候也。当将凝未凝之间，刑德并临，生杀未定，此时大有危险，片时得药则刑转为德，顷刻丧失则德转为刑。行功到此，必须洗心涤虑，放下万缘，一念不起，一意不散，如此沐浴，大药自然圆成。倘或纤毫念起，天真便丧，未免德转为刑，而有倾危之患矣。沐浴之法不过委志虚无而已，其功只在一刻中，所谓卯酉特虚比也。此系金丹第一关键，非圣师亲授不知其妙。

欧冶亲传铸剑方，镆铘金水配柔刚。

炼成便会知人意，万里诛妖一电光。（四十四首）

此章言金丹慧剑之用也，与上章沐浴工夫一时并用。祖师到此忍俊不禁，又突出一奇峰，即世间有形之神剑喻丹道无形之慧剑。盖铸剑之法，必须金水淬厉而成，结丹之功亦必由金水煅炼而得。金水两弦真炁，一刚一柔，合而成丹，正犹神剑之有干将、镆铘，配而成宝。两弦妙用，必须真师口授，亦犹铸剑神方之必传自欧冶矣。故曰：“欧冶亲传铸剑方，镆铘金水配柔刚。”两弦之炁既妙合而凝，又以坤炉中真火淬厉而煅炼之，化成一炁，是为吹毛利剑，又名慧剑。此剑锋不可触，触之即丧身失命。妙在“知人意”三字，意者中黄真宰也，意即是剑，剑即是意，近在目前，远即万里。当大药入炉之时，倘有阴魔来侵，只索用慧剑劈头一挥，当下即扫踪灭影矣。故曰：“炼成便会知人意，万里诛妖一电光。”上两句言慧剑之体，下两句言慧剑之用。非真有慧剑之可用也，仍是先天一点灵光耳；亦非真有妖之可诛也，不过念起即觉，闲邪存诚之别名耳。吕祖云：“吾有三剑说与世人：一断爱欲，二断烦恼，三断愚痴。”其即此剑也夫！

调合铅汞要成丹，大小无伤两国全。

若问真铅何处是？蟾光终日照西川。（四十五首）

此章直指真铅之为丹基也。金丹大药只是真铅一味，然必须两弦合体烹炼而成。离中真阴为汞，恍惚中真象也；坎中真阳为铅，杳冥中至精也。阳大而阴小，似乎不均，惟以真意调和之，庶几两弦之炁各得其平，金丹乃成。故曰：“调和铅汞要成丹，大小无伤两国全。”两弦合体方称真铅，与后天之凡铅凡汞迥别。盖晦朔之交，日月合璧，会于黄道，太阴水魄吸取太阳金精，有金蟾之象。到初三日一钩现出金方，是为金蟾吐光，而金丹大药产矣。故曰：“若问真铅何处是？蟾光终日照西川。”川者水乡，西者金体，水中之金是为金丹，终日照者即“赫赫金丹一日成”也。此与上数章同在一时，盖温养沐浴即到，又得慧剑之用，金丹之功始圆。金丹圆而一阳复，便可采取烹炼以结大还丹矣。

八月十五玩蟾辉，正是金精壮盛时，

若到一阳来起复，便堪进火莫延迟。（四十六首）

此章言大药将产之候，急须采取也。上章云“蟾光终日照西川”，正指水中金而言，此所谓金精也。两弦并到，合成一轮月乃圆而为望，八月建西，而金旺于西，正是金精旺极之时。所以月到中秋，光彩异常。此喻坎离既交，水中之金赫然顿现，而大药将出炉矣。故曰：“八月十五玩蟾辉，正是金精壮盛时。”水中金现谓之活子时，此言“金精壮盛”，活子时到矣。纯坤之下一阳初复，急须下手采取，以作还丹之根基。故曰：“若到一阳来起复，便堪进火莫延迟。”此言大药方产，及时采取之作用也。

一阳才动作丹时，铅鼎温温照幌帷。

受炁之初容易吉，抽添运火却防危。（四十七首）

此章申言采药作丹之时，宜防危虑险也。水中生金，一阳初动，所谓金精壮盛之时，即身中活子时也。此时药苗新嫩，急须采取而烹炼之。吕祖云“温温铅鼎，光透簾帷”，正指此时而言。故曰：“一阳才动作丹时，铅鼎温温照幌帷。”学人到此，当及时进火，一升一阵，浮沉老嫩之间，须索十分谨慎。慎之则片时得药，是为受炁吉；不慎则顷刻失丧，是为防成凶，故曰：“受炁之初容易吉，抽添运火却防危。”抽添者，抽铅添汞采药之作用也；运火者，上升下降炼药之火候也。上章是候一阳初动而进火，此章便说进火之作用。前后相接如贯珠，章章皆然，读者请着眼。

日月三旬一遇逢，以时易日法神功。

守城野战知凶吉，增得灵砂满鼎红。（四十八首）

此章申言金丹入鼎妙用只在一时也。天上太阴二十九日有奇，而一周天乃与太阳相会，是为晦朔之交，日月合璧而生明。丹道之妙，簇年归月，簇月归日，簇日归时，产药之与采取只在一时，其神功妙用恰与造化合符。故曰：“日月三旬始一逢，以时易日法神功。”药之将产也，当虚以待之，是为“守城”；药之即产也，当动以应之，是为“野战”。此中火候不可一毫差错，即《入药境》所谓“受炁吉，防成凶”也。运火之际，若能虑险防危，避凶趋吉，则大药出坤炉而升乾鼎，养在黄庭，光明洞达而圆满矣。故曰：“守城野战知凶吉，增得灵砂满鼎红。”此章又紧接上两章，言一阳初动而进火，进火而能防危，则大药入鼎而神光焕发矣。

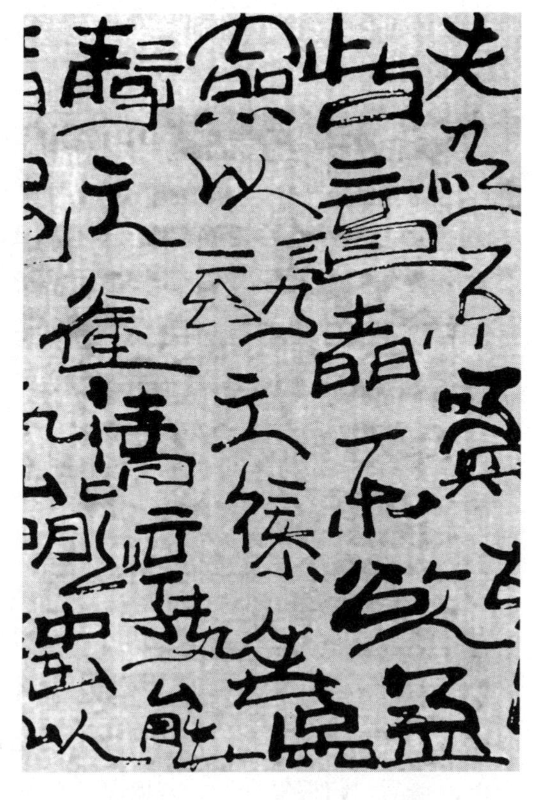

玄珠有象逐阳生，阳极阴消渐剥形。

十月霜飞丹始熟，此时神鬼亦须惊。（四十九首）

此章言金丹脱胎之证验也。上章所云灵砂即指金丹大药而言，乃先天一炁，必须得诸虚极静笃、无思无为中，《庄子》所谓“赤水玄珠，得诸罔象”也。于是采之烹之，炼之养之，守城野战之功既到，剥尽群阴，露出一点乾元面目。金丹从此脱去胞胎，上升乾鼎，而造化之始基立矣。故有十月霜飞、胎圆丹熟之象。鬼者，阴灵；神者，阳灵也。玄珠成象，超出阴阳，鬼神莫测其机，乌得而不惊乎？须知金丹脱胎与还丹脱胎迥别。此章以金丹而言，则阳极阴消，而有十月脱胎之象。以还丹而言，则又当阴极阳生，而为一阳初动之时。此处最要办得分明，尚有重安炉鼎，再造乾坤一段工夫在后，不可不知也。

瑶池饮罢月澄辉，跨个金龙访紫微。

从此众仙相识后，海田陵谷任迁移。（五十首）

此章申言金丹之可以立命也。上章言十月脱胎，明乎金丹大药固以出坤炉而升乾鼎矣。瑶池乃金母所居，即坤炉之法象也；紫微垣乃天中巍巍尊高处，即乾鼎之法象也。金丹妙用无过先天一炁，先天乍到之时，氤氲交合，如登瑶池而饮琼浆。故曰："得之者，长似醉。"金精旺而蟾光盈，由是金丹大药脱出坤炉，上升乾鼎，地中一阳直透九天，岂非"瑶池饮罢月色澄辉，跨金龙而访紫微"之象乎？金丹升到天谷泥丸，便是郁罗萧台、玉清圣境，百节万神到此无不聚会，当下与大罗仙众觌面相识矣。任他沧海成田，桑田成海，高岸为谷，深谷为陵，而我之元神永无起灭，终不变迁，方信太上所云"谷神不死"是真实语。上章言神鬼俱惊，此章言众仙并会，方见金丹立命之功如此其神妙也。

休施巧伪为功力，认取他家不死方。

壶内旋添延命酒，鼎中收取返魂浆。（五十一首）

此章括金丹全功，以起还丹作用也。上章言入瑶池饮琼浆，即所谓不死方也。然何谓他家？性为主，我也，内药也；命为宾，他也，外药也。修炼之士先了命而后了性，须从外药起手，饶他为主，我反为宾，颠倒之妙，篇中言之详矣。一切劳形按引、服气餐霞，总属巧伪小术，徒劳而无功。惟有先天一炁从虚无中来者，才能不落形气，超生脱死。故曰："休施巧伪为功力，认取他家不死方。"当其大药将产而采归壶中也，是谓"归根复命"，点既枯之骨而命可延；及其一阳起复而升入黄庭也，是谓"返本还原"，收已散之灵而魂可返矣。故曰："壶内旋添延命酒，鼎中收取返魂浆。"主宾颠倒，到此才了得金丹作用，而还丹之功从此起矣。更有下劣旁门，错认他家二字，流入采补，其罪可胜诛哉！

雪山一味好醍醐，倾入东阳造化炉。

若过昆仑西北去，张骞始得见麻姑。（五十二首）

此章言金液还丹之作用也。前章所云延命酒、返魂浆俱是金丹大药底证验，既灵且妙矣。然非猛火锻炼以成还丹，则九转之功未全。还丹妙用究竟不离水中金，故喻以一味醍醐。《涅槃经》云："雪山有大力白牛，食肥腻草，粪皆醍醐，无青黄赤白黑色。"雪山喻金方，白牛喻金性之纯白，一味醍醐乃先天一炁从虚无中来者，即水中金也。金性不染不杂，坚固圆成，其初产自庚方，既而从西转东，升于乾位，引入黄庭，采取而烹炼之，岂非造化之大炉冶乎？一切延命酒、返魂浆到此悉化作醍醐，上味无二无别矣。故曰："雪山一味好醍醐，倾入东阳造化炉。"此尚带金丹法象而言。金丹大药既入在造化炉中，候正子时一到，驾动河车，聚火载金，猛加煅炼，升至昆仑顶上，乾坤相见，交而为泰，一点金液依然落在黄庭，而圣胎始圆矣。故曰："若过昆仑西北去，张骞始得见麻姑。"此乃大还丹之法象也。张骞是男子穷河源者，麻姑是仙妹，张骞乘槎逆流直溯河源，过昆仑山顶，始见麻姑，总是颠倒乾坤法象，不必深求。

坎电烹轰金水方，火发昆仑阴与阳。

二物若还和合了，自然丹熟遍身香。（五十三首）

此章统言合内外二药而成大还丹也。金丹作用专取水中之金，所谓先天一炁从虚无中来者。坎电喻水中之火，白紫清云造化无声，水中火起，妙在虚危穴，金水方即虚危穴也。火烹雷轰自此而起，只是采取一阳引归乾鼎，以结金丹耳。以上俱说外药。直到正子时到，一阳初动，才用猛火煅炼，聚火载金，直达昆仑峰顶，从一阳之复升到六阳而为乾，从一阴之姤降到六阴而为坤，"乾坤交姤罢，一点落黄庭"。此即内药也。内外两种药物到此合为一体，再加温养之功，还丹既熟，自然通身透亮，遍体生香。剥群阴而为纯阳，点凡躯而为圣胎矣。此章言内外合一乃成金液还丹，下章方言温养之功。

要知炼养还丹法，自向家园下种栽，

不假吹嘘并着力，自然果熟结灵胎。（五十四首）

此章言还丹入鼎长养圣胎之功也。乾坤交罢，一点真种已落在黄庭，是为大还丹矣。猛煅极炼之后，急须加温养工夫。然温养之功别无巧妙，只在自家方寸地上，刻刻护持，时时培植，便是乳哺真种底方法。其功全在真息，必须优游自在，勿忘勿助，如龙养珠，如鸡抱卵，此即天然真火也。真火赫赫长红，何假吹嘘！绵绵若存，何须着力！火力既到，纯亦不已，自然脱胎而神化矣。此言温养还丹之功，与上面煅炼相为表里者也。

未炼还丹须急炼，炼了还须知止足。

若也持盈未已心，不免一朝遭困辱。（五十五首）

此章言还丹既得，当守之以无为也。盖有为所以了命，无为所以了性。还丹煅炼之功，正所以了命也。丹基一日未立，命非我有，故曰："未炼还丹须急炼。"然工夫虽妙，终落有作，未返自然，只可藉此为渡河之筏；既到彼岸，定须舍筏而见性矣。故曰"炼了还须知止足"。若得丹之后，依然向外驰求，不肯休歇，只管搬弄精魂在有作有为上寻活计，何异船到彼岸，尚恋筏而不肯舍乎？此不特性宗未彻，永无解脱之期，并其所得之命宝亦弗能享用矣。故曰："若也持盈未已心，不免一朝遭困辱。"盖还丹未得，不知下德之有为则落空；还丹既得，不知上德之无为则又着相。此了命之功所以必兼了性也。

否泰才经万物盈，屯蒙受卦秉生成。

此中得意须忘象，若究群爻漫役情。（五十六首）

此章言火候之妙，切不可泥象也。以上数章俱说大还丹作用，而火候在其中，火候法象惟羲易足以印之。先天之易取定位以立本，后天之易取交感以致用。故乾上坤下之卦取其不交而为否，坤上乾下之卦取其交而为泰。乾坤交姤以后，正转否为泰之时也，其间阳火阴符进退之序，一刹那间周天数足，诸卦诸爻无不统摄矣。且乾坤之后便受以屯蒙序卦者，良有深意，盖天地既交则盈，天地间一切万物自然莫不生成。震以一阳动乎坎下，象万物之始生而为朝屯；艮以一阳止乎坎上，象万物之既成而为暮蒙。一生一成即一动一静也，还丹之妙亦无过一生一成。其初采药物于曲江之下，聚火载之而上升于昆仑，即朝屯之象，即天根之所以生也；其既姤乾坤于天谷之上，周天运之而凝结于丹鼎，即暮蒙之象，即月窟之所以成也。至于三田聚宝，则万物盈满之象亦在其中矣。然丹道之用卦爻，但取一动一静互为其根之机，以寓进火退符之准，贵在得其大意之所在耳。若泥象执文，役役于朝屯暮蒙一日两卦之序，何啻痴人说梦乎？大约火候之妙，全在得意忘象一句，祖师于此特点破之。

卦中设法本仪刑，得意忘言意自明。

举世迷人惟泥象，却行卦气望飞升。（五十七首）

此章言得意忘象之为真火候也。丹经中鼎炉、药物、龙虎、铅汞种种建立，无非象也，又何疑于火候乎？故文不可执，象不可泥。即如屯蒙否泰等法象，如虫御木，偶尔成文，何处可执泥耶？圣人立象之妙，譬如以手指月，月自在天，决不在指头上。学人能得意而忘象，得象而忘言，则象中之意，自将朗然洞彻。倘或泥象执文，役役于朝屯暮蒙一日两卦，如法行持便指望白日上升，岂非大惑不解之迷人乎！此章与上章略同。

天地盈虚自有期，审能消息始知机。

由来庚甲申明令，杀尽三尸道可期。（五十八首）

此章申言卯酉周天之造化也。火候之妙，准乎造化，造化气机，只是一阴一阳，其中自有消息盈虚、与时偕行之妙。周天之大纲以南北为经，东西为纬。观于先天方位图，乾南而坤北，日东而月西，则消息盈虚之机概可见矣。大约盈则必消，消者杀机也；虚则必息，息者生机也。阳虚于子盈于午，一到卯中，生机已不可遏；阴虚于午盈于子，一到酉中，杀机已不可回。然生中有杀，杀中亦有生，生杀一时并到，此中消息之机不可不知也。故曰："天地盈虚自有期，审能消息始知机。"还丹之妙，其周天火候，同乎造化，阴极生阳，六阳从地而升于子；阳极生阴，六阴从天而降于午。此南北之经也。有南北之经，自然有东西之纬。盖人身中一日一月人人具足，日东月西便分出甲木庚金，金木间隔，则水火之功尚未全。故当乾坤大交后，运行周天火候之时，急须用斗柄之机斡旋身中日月，若璇玑之升降，循环不已，从下到上，从左到右，转而又转，战退群阴，使阴气渐消渐虚，阳气渐长渐盈。自然元精化元炁，元炁化元神，元神还太虚，身中之三尸自消，九虫自灭，此乃转杀机为生机，而归根复命之道得矣。故曰："由来庚甲申明令，杀尽三尸道可期。"三尸乃人身中尸虫，一名三彭，相传以庚申日上诣天曹，诉人罪过，夺命减算。修真之士能炼还丹，卯酉之正令一行，则阴尽阳纯，三尸不守而自灭矣。

四象会时玄体就，五行全处紫光明，

脱胎入口通神圣，无限神龙尽失惊。（五十九首）

此章言还丹脱胎之证验也。其初，四象会于中黄，金丹始结，玄珠已成象矣。再加聚火载金之功，逆上乾宫，烹之炼之，又从而温养乳哺之，剥尽群阴，露出乾元面目，直到矿尽金纯，烟消火灭，方成一粒龙虎还丹。五炁俱朝于上田，三花皆聚于乾顶，浩气塞乎天地，慧光遍照大千，岂非四象会而玄体就、五行全而紫光明之象乎？斯时也，重立性命，再造乾坤，变种性为真性，转识神为元神，自造自化，不由天地矣。更须忘物忘形，积功累行，时时长养圣胎，直到瓜熟蒂落底时候，灵丹应时脱落，吞入口中，倏然云腾雨施，雷轰电掣，片晌之间消尽一身阴滓，立地转凡成圣，而为鬼神所震惊、天龙所呵护矣。岂非通灵入圣而神龙失惊之象乎？此处独言入口，故知是还丹脱胎之象，与前面金丹脱胎迥然不同。大约此书已经再三校正，其工夫极有次第。首言大道源委，次言药物炉鼎，次言坎离交而成金丹。有采取温养之功，究言乾坤交而成还丹，有锻炼乳哺之功，一步步鞭到此，才说脱胎神化底证验。先后次第，秩然不乱，读者幸细辨之。

药逢气类方成象，道在虚无合自然。

一粒灵丹吞入腹，始知我命不由天。（六十首）

此章言还丹之妙用可以造命也。盖还丹之功始于有作，终则无为。有作所以了命，无为所以了性。其初必取真阴真阳同类相感，方成大药。到得玄珠成象，太乙归真，乃返虚无而证至道矣。盖道自虚无生一炁，一而二，二而三，遂至顺流不穷。今者攒五簇四会三归二而复返于一炁，岂非自然之道乎！此以了命而兼了性也。炼之又炼，灵丹从昆仑顶上应时脱落，吞入口中，从此宇宙在手，造化生身，我命在我，生死总不由上天矣。此章紧接上章脱胎入口来，确是还丹证验。入口入腹虽分两象，实无二义。须知口非饮食之口，腹非脐腹之腹，遇真师者自知之。

大道修之有易难，也知由我亦由天。

若非积行施阴德，动有群魔作障缘。（六十一首）

此章言体道之士当修德以格天也。灵丹入腹，命由我而不由天，信矣。然此特为了手者言耳。若夫下手之时，有易有难未可概论，大约以真实心承当则易，以巧伪心袭取则难。一心真实才能上达乎天，若稍涉巧伪，即便隔绝天心，自取魔障。故造命之工夫，虽由乎我，而出世之机缘实由乎天。此决言阴德之不可不积也。行善而不求人知谓之阴德，一切方便济人，慈悲及物之事，若《太上感应篇》所载者，学道之士定当刻刻行持。行持之际，又当心安意肯，无所为而为之，切不可夹带一毫计功谋利、缴求福报底念头。倘或一念夹杂，便违心逆天，堕落魔眷属中，而障却大道因缘矣。盖世间魔障，一切皆从心造，一心积德自然足以格天办道，其机括仍由我不由天也。然则造命之学不特在了手后，即在下手时矣。发心担荷大道者，尤当三复此章。

了了心猿方寸机，三千功行与天齐。

自然有鼎烹龙虎，何必担家恋子妻。（六十二首）

此章言了心之究竟处也。上章言大道必由功行，学道之士定当积功累行，上合天心。行须八百，功必三千，似乎累世莫殚，毕生莫究矣。不知八百三千，一切惟心所造，倘能一念回机，全身放下，方寸中空空

洞洞，自然一了都了。三千之功，八百之行，当下立地圆满，而与太虚同体，同其广大高明矣。故曰："了了心猿方寸机，三千功行与天齐。"此即真空而该妙有者也。学者既悟空体，又须功行齐修。若一向空腹高心，拨无因果，自以为无修无证最上一乘法门，便是莽莽荡荡招殃祸矣。高上之士，一朝顿彻，且把这个拨置一边，仍旧去安炉立鼎，采取药物，行持火候，炼成龙虎大丹。空不碍有，其妙如是。既知空不碍有，即知有不碍空。到此地位，根尘识想一切销落，大地山河俱同幻影，此身尚非我有，何有于家！又何有于田园妻子！种种身外之物，世间凡夫苦死守着田园，恋着妻子，一息尚存，不肯放下，岂知凡夫最贪著处即道人大解脱处乎！此处本自然而然，不假排遣。故曰："自然有鼎烹龙虎，何必担家恋子妻。"此即妙有而该真空者也。到此方知有作无为，如火合火，尽性至命，如空合空，求其合一相，且不可得，何况分而二之乎？此系祖师末后全提之句，旧解多失其意，特为拈出，以告同志。

始于有作人争见，及至无为众始知。

但识无为为要妙，谁知有作是根基！（六十三首）

此章结言金丹大道当从有而入无也。上章已拈提空有不二宗旨，此遂直截指出，以为通篇结尾。世人但知有为所以了命，无为所以了性，不知其中自有缓急先后之序。有为之功在乎结丹，一切采取煅炼作用必须乘时而应机，此其绝利一源，三返昼夜之功用，止可冷暖自知而已，人岂得而见之乎？及乎功深力到，百骸理而万化安，身心一如，归根复命，坐收清净无为之效，到此则美在其中，光辉发越，人皆得而知之矣。故曰："始于有作无人见，及至无为众始知。"此言不落有为，方见了手之妙，破世人执有之常见也。到得无为地位，形神俱妙，与道合真，自觉觉他，广宣妙法，谁不望而心折，皈命投诚？孰知其初结侣入圜，死心煅炼，才得建立丹基。有为之功，若是其专且久乎？故曰："但识无为为要妙，谁知有作是根基！"此言不堕无为方成起手之功，破世人执无之断见也。盖有作是了命边事，无为乃了性边事。学道者偏于有作则着幻相，偏于无为则落顽空，一部《悟真篇》中，断常俱遣，割截两头，句句全提向上，总是要人身心一如，有无不二，亲证无上至真妙觉之道耳。到此乃双扫双建以结之，是通部一大关键也。

修行混俗且和光，圆即圆兮方即方。

晦显逆从人莫测，教人怎得见行藏。

（六十四首，按六十四卦数）

此章言俗不碍道，乃出格之妙用也。《道德经》云："和其光，同其尘。"此两言颇难体会。盖有道而不见其道，有德而不见其德，是为和光。自此与世间愚夫愚妇一般面目，一样举动，入净入垢无所不可，是为同尘混俗，即同尘之别名也。大修行人直到了手后，一尘不沾，六通具足，正好随愿度人，多方利物。即或垂手入廛，游戏三昧，无所不可。以言乎行止，则或圆而或方；以言乎踪迹，则或显而或晦；以言乎机用，则或顺而或逆。天地鬼神且莫测其行藏，而况于人乎！由是可以出世，可以入世，可以遁世，可以经世，潜见飞跃，总由乎心，仕止久速，各当其可。有如狮子之迷踪、神龙之变化，渊乎妙哉！所以文王系乾爻至用九，而垂无首之象；夫子见太上于柱下，而发犹龙之嗟。呜呼！至矣。

五言四韵一首（以象太乙之奇）

女子着青衣，郎君披素练。见之不可用，用之不可见。

恍惚里相逢，杳冥中有变。一霎火焰飞，真人自出现。

此章统论金丹妙用，乃八十章之总结也。金丹作用，不过取金木两弦之炁合成。震木虽属长男，然从离火中出，女子之象也，且天三生木而地以八数包之，似乎男人女妆，故曰："女子着青衣。"兑金虽属少女，然从坎水中生，郎君之象也，且地四生金而天以九数包之，似乎女人男扮，故曰："郎君披素练。"夫此两弦之炁产于后天，孕在先天，当其形质未兆之时，便可取而用之；及乎形质既萌，已落后天阴炁，才有可见便不可用矣。故曰："见之不可用，用之不可见。"大药将产未产之际，机欲动而未离乎静，阳方生而未离乎阴，以其寂然不动，强名杳冥；以其感而遂通，强名恍惚。恍惚里相逢，动不离静，杳冥中有变，静极生动。所谓一动一静之间，天地人之至妙至妙者也。此时运火之功，洗心沐浴，只在霎时间，而金丹真种得矣，岂非"一霎火焰飞，真人自出现"乎？此一段是金丹工夫，再加向上之功，则脱胎神化，自然变现无方，超出轮回而与三清太上同其法身矣。祖师末了作此以结束八十章，盖由博归约，返乎太乙之真也。

卷　下

西江月十二首

西者，金之方。江者，水之体。月者，药之用。一十二首以周岁律。

内药还同外药，内通外亦须通，

丹头和合类相同，温养两般作用。

内有天然真火，炉中赫赫长红，

外炉增减要勤功，妙绝无功真种。

此章总括内外二药，乃尽性至命之全功也。大道本无内外，一到金丹作用，便分出内外二药，其中有体有用，有宾有主。然古今知之者希；祖师大发慈悲，不妨为学人旁通一线，通部《悟真篇》，无非指点内外二药，到此才明明点破耳。内药属先天，外药却须从后天返先天。盖无修无证，天然具足者谓之内药；有作有为，返本还源者谓之外药。内药了性，体具中黄，即元神而摄精炁者也；外药了命，用寄坎离，即身心而合真意者也。元神本来寂然不动，感而遂通，寂不离感，感不离寂，内外之体同矣。当其寂也，一念不生，似乎无为；及其感也，六根互用，又不碍有为，内外之用通矣。故曰："内药还同外药，内通外亦须通。"先天一点灵光，圆陀陀地便是大药丹头。高上之士识此丹头，只消真意不散，元神内凝，身心两家自然和合而交感矣，此即内以兼外，从源而达流。然内由外而至，仍当以外为要也。中下之流未易及此，必须炼己立基，筑完城郭，处于中以制其外，制于外以养其内，先要和合身心，元神才凝，此即外以全内，从流而溯源者也。两家作用殊途而同归。故曰：“丹头和合类相同，温养两般作用。”药物既分内外两种，则炉鼎亦分内外两处，而火候亦当分内外两用。大抵内炉专在中黄，外炉兼摄六根。内火候专主无为，外火候兼于有作。学道之士须令元神坐镇中黄，常应常静，自然真息绵绵，用之不勤，与元神相依相抱，一似炉中火种，昼夜不断。故曰：“内有天然真火，炉中赫赫长红。”中黄便是内炉，元神便是内药，真息绵绵，便是内火候，此即本体，为工夫不增不减者也，乃先天也。然后天有增有减之功用即从此而出，凡人泄漏真性多在六根门头，故二六时中必须回光返照，时时收拾身心，其功可不勤乎？“为学日益”，故曰增；“为道日损”，故曰减。在工夫须当增之又增，在本体则当减之又减，即增即减，直到无可增减处，自然元精化元炁，元炁化元神，元神还太虚，而无功真种出矣。盖有增有减尚属功夫边事，直到无增无减才是无功之功、无上至真妙道。有增有减底工夫恰好合着无增无减底本体，此内外二药体相同而用相通者也。故曰：“外炉增减要勤功，妙绝无功真种。”盖内炉系中黄神室，元神不动即内药作用也。天然真火，内火候也，体也，主也，了性者也。外炉系坎离二用，和合身心即外药作用也。增减勤功，外火候也，用也，宾也，了命者也。内外二药打成一片，体用同源，宾主交参，性命全修以至形神俱妙，所谓合内外之道而一以贯之者也。

此药至神至圣，忧君分薄难消，
调和铅汞不终朝，早睹玄珠形兆。
志士若能修炼，何妨在市居朝，
工夫容易药非遥，说破令人失笑。

此章言大药至简至易，即内以摄外者也。上章言内外相同才称金丹大药，然有辨焉：外药，后天之功也，出圣入神必假作用；内药，先天之体也，即凡即圣一切圆成。但恐信根浅薄，自家承当不过、消受不起耳。大药之用无过真铅真汞，身心是也。身心未易相合，须得真意以调和之，真意之不动处即先天元神也。元神既复，身心自然打成一片，而玄珠成象矣；到此即圣神功用当下立证，曾不终朝，所谓“赫赫金丹一日成”者也。奈何世人多信不及，往往劳形苦己，离妻入山以为修炼。殊不知修炼之功全在心地，但使心地洁净圆明，一切不染不昧，虽处市朝，何异深山穷谷！所谓“大隐居廛市”是真修炼矣。盖身心两字便是大药，先天一点元神便是大药底丹头。这个丹头人人具足，只因未遇真师点破，日用不知，不信大药至迩，工夫至易，而求诸远且难者，遂致当面磋过，甘作凡夫。一旦点破，方知即此人人具足者便是金丹大药，即此日用不知者便是天然真火，即此甘作凡夫者便可出神入圣，圆通无碍，有不哑然失笑者乎？《老子》所谓“不笑不足以为道”也。此章言即内药以摄外药，直证无为，了性而命在其中，所谓修上一关盖下二关者也。

白虎首经至宝，华池神水真金，

故知上善利源深，不比寻常药品。

若要修成九转，先须炼己持心，

依时采取定浮沉，进火须防危甚。

此章言大药必假作为，即外以全内者也。盖内药无为，所以了性；外药有为，所以了命。了性者即一以该两，其机关至简至易；了命者即两以还一，其作用极玄极微。金丹作用须从和合四象起手，四象者何？地四生金，其象为白虎，中藏天一真水，是名首经，而为至阳之宝，故曰：“白虎首经至宝。”天三生木，其象为华池，中藏地二真火，是名神水，而为至真之金，故曰：“华池神水真金。”金木水火分之名虽有四，合之只是坎离二物，二物逆转便合成先天一炁，先天一炁从虚无中来，源洁流清，绝无纤尘夹杂。《参同契》所谓“上善若水，清而无瑕”

是也。故曰："故知上善利源深，不比寻常药品。"离中一阴属己土，己之象也，"人心惟危"，法当炼而消之。坎中一阳属戊土，心之象也，"道心惟微"，法当保而持之。炼己持心工夫久久纯熟，到得虚极静笃，大药方生，即此一时便全九转之功矣。故曰："若要修成九转，先须炼己持心。"大药一生必须采取，采取之候在坎离乍交、一阳初动之时，潭底日红，沉之象也，息念以守之，当虚己以待时；黄芽出土，浮之象也，用意以采之，当乘时而进火；此中消息，冷暖自知而已。候未到而遽采是谓先时，候已到而不应是谓不及时。先时则药太嫩，不及时则药太老。毫发差迟，便不作丹而可危矣。故曰："依时采取定浮沉，进火须防危甚。"此章言外药作用从有作以反无为，了命而性在其中，所谓从下二关透上一关者也。

此章浮沉二字与上卷不同，上卷指坎离交会时说，此处却说采药进火底时候，当细辨之。

七返朱砂返本，九还金液还真，
休将寅子数坤申，但看五行成准。
本是水银一味，周游历遍诸辰，
阴阳数足自通神，出入不离玄牝。

此章言大药返还之妙，合内外而言之也。盖内药之体在谷神，不离玄牝；外药之用在二物，须要返还。然七返九还颠倒逆用之妙，岂易知哉！何谓七返九还？其法象出自《河图》。天一生水，地六成之，坎属水而数得七，已含火象，其中一点实处本是乾家太阳真火，火结为砂，岂非朱砂之象乎！地二生火，天七成之，离属火而数得九，已含金象，其中一点虚处本是坤家太阴真水，金化为水，岂非金液之象乎！学道之士必须取离中这点真阴，还于坎宫而成坤，便取坎中这点真阳，返于离宫而成乾，是谓返本还源而先天之体复矣。故曰："七返朱砂返本，九还金液还真。"其初以北方之水返为南方之火，既而以南方之火还为西方之金，以火炼金，是名金丹，炼成纯乾，是名金仙。彼《河图》之翻作《洛书》，金火互换，先天之转为后天，离居乾位，皆此意也。世人不知造化之妙，遂以自寅顺数到申为七返，自申逆数到子为九还，可发一笑。岂知水火一生一成乃五行自然之准则乎！故曰：“休将寅子数坤申，但看五行成准。”以二物对说，虽分数坎离，其实真铅大药一味而已。究其根源，只以坎中一阳作主。盖天一真水从中而出，为性命之根源，包罗万化，具足五行。其初一变为铅，在北方坎宫，为亥子水，此真铅之本身也；及乎二变为砂，在南方离宫，为巳午火；三变为汞，在东方震位，为寅卯木；四变为银，在西方兑位，为申酉金；五变为土，在中黄坤宫，为辰戌丑未四土。故曰：“本是水银一味，周流历遍诸辰。”此言其顺流而出者也。逆而转之，只此真阴真阳便是七返九还之功，到得九转功成，胎圆炁足，适合造化九九八十一之阳数，自然脱胎而入神化，即《老子》所谓“谷神不死”者也。然谷神不死，须从玄牝立基，其初，一分为二，从谷神分出玄牝，自内而出外，即一味之流遍诸辰者也；其既，二转为一，从玄牝合成谷神，自外而入内，即二物之返本还真者也。故曰：“阴阳数足自通神，出入不离玄牝。”首章全提内外二药，是总纲；次章言至圣至神之功，即内以统外也；三章言炼己持心之要，即外以还内也；此章遂言返还之妙，归本谷神，乃合内外而言之也。

牛女情缘道本，龟蛇类本天然，
蟾乌遇朔合婵娟，二炁相资运转。
总是乾坤妙用，谁人达此真诠！
阴阳否隔即成愆，怎得天长地远！

此章言二物妙用不宜间隔也。上章言七返九还不离玄牝，则坎离之不可不交明矣。即以物情征之，牛女，天上双星也，必假鹊桥之会；龟蛇，地中两物也，合成玄武之形。至于日中之乌、月中之兔，必至晦朔交会，乃萌滋元炁而生明，总是阴阳二炁相资运转，顺去生人生物者，

逆之则成丹。盖乾父坤母资始资生之妙用，即坎男离女，反本还源之真诠。世人独修一物，未免落在孤阴寡阳边，由是火水未济，天地不交，而成否隔之愆。既不能与天地同其功用，岂能与天地同其长久乎！此言了性者必须立命，才合返还妙用，独修一物便非大道。有等旁门，因阴阳否隔字面，流入彼家房术，诳惑愚夫，则又罪不容诛矣。

若要真铅留汞，亲中不离家臣，
木金间隔会无因，须用媒人勾引。
木性爱金顺义，金情恋木慈仁，
相吞相咽却相亲，始觉男儿有孕。

此章言坎离始交，金丹之法象也。上章言阴阳否隔，即金木间隔之象。其所以间隔者，由介绍之无其人，未得真土调和耳。水中生金，是名真铅；火中生木，是名真汞。汞性轻浮，极易飞走，惟真铅足以留之，即所谓“金鼎欲留朱里汞，玉池先下水中银”也。然非真土坐镇中宫，岂能调和两家之情性乎？故欲真铅之留汞，非亲近家臣不可；欲木金之不隔，非媒人勾引不能。家臣媒人皆指真土，即所谓黄婆也。盖金情至刚，木性至柔，金能克木，两不相得；金木既未肯相顺，铅汞遂未肯相留；惟得真土和合，则木性不畏金之刚而转爱其顺义，金情不嫌木之柔而转恋其慈仁。由此真虎真龙相吞相咽，转更相亲，身心打成一片，而元神出其中矣。圣胎圆而真人现，岂非男儿有孕者乎？此言三家相见以成金丹之法象也。

二八谁家姹女？九三何处郎君？

自称木液与金精，遇土方成三性。

更假丁公锻炼，夫妻始结欢情。

河车不敢暂留停，运入昆仑峰顶。

此章言煅炼、交媾、还丹之作用也。前章言坎离交而大药孕，金丹之基立矣，犹未及煅炼之火候也，故即以三家相见者申言之。二八姹女即木液也，九三郎君即金精也，其初两物间隔，无由相通，一遇中黄真土，遂勾引而摄合之，所谓“追二炁于黄道，会三性于元宫”是也。勾引虽仗黄婆，调停全凭真火。丁公者，文火也，金木交并之时，须用文火温养之，两家情性自然和合欢好，大药产矣。大药既产，活子时到，必须采取真铅，送归土釜，仍以文火温养之，此申言金丹作用也。温养即足，正子时到，及须驾动河车，从尾闾起火，透夹脊，过玉枕，运到昆仑顶上，用武火猛烹极炼。乾坤交姤罢，一点落黄庭，大药始入鼎而凝结矣。此乃言金液还丹之作用也。丹既入鼎，再加乳哺温养工夫，久久纯熟，至于圣胎圆而真人现，九转之功于是乎毕。

天地才经否泰，朝昏好识屯蒙，

辐来凑毂水朝宗，妙在抽添运用。

得一万般事毕，休分南北西东，

损之又损慎前功，命宝不宜轻弄。

此章言还丹之功从有以入无也。上章言河车运火直上昆仑，则乾坤既已大交，向之乾上坤下而为否者，今坤上乾下而翻为泰矣。然火候之进退不可不谨；阳动而进火，为朝屯之象也；阴静而退火，为昏蒙之象也；举两卦而六十卦反退之象，一进一退，悉在其中矣，故曰：“天地才经否泰，朝昏好识屯蒙。”乾坤交姤罢，一点落在黄庭，先天真种既已入鼎，后天周身之炁自来归命。有若三十辐之共凑一毂，百川众流之朝宗大海。但须时时抽铅添汞，炼尽阴气，以还纯乾，运用之妙存乎火候耳，故曰："辐来凑毂水朝宗，妙在抽添运用。"前此金木间隔，火水未济，东西南北各居一方，到此混而为一，元神坐镇中黄，超然独尊，东西南北浑然总是一家，得一而万事毕矣，故曰："得一万般皆毕，体分南北西东。"功用到此只求日减，不求日增，只消抱一守中，常应常静，从有作以入无为，即太上所谓"损之又损，以至于无"也。盖从前有作之功都缘立命，命宝既立，便当了彻性宗，直证无上妙觉。倘只管恋着命宝，搬弄精魂，便落在有为法中，譬如登岸之时犹然恋筏而不肯舍，纵使寿同天地，一愚夫耳，故曰："损之又损慎前功，命宝不宜轻弄。"此首要学人直下了性，乃祖师末后全提句也。

冬至一阳来复，三旬增一阳爻，

月中复卦朔晨超，望罢乾中姤兆。

日又别为寒暑，阳生复起中宵，

午时姤罢一阴朝，炼药须知昏晓。

此章言攒簇周天，乃火候之法象也。大丹之功全仗火候，火候之秘不可以言宣，先圣不得已寓之易象，此复姤之妙又不可以言宣，姑以年月日时寓其法象，大约只是阳动阴静两端而已。以一年计之，十一月冬至一阳初动为复，每月增一阳爻，十二月二阳临，正月三阳泰，二月四阳大壮，三月五阳夬，直到四月六阳成乾，阳极而阴生矣；五月一阴初静为姤，每月增一阴爻，六月二阴遁，七月三阴否，八月四阴观，九月五阴剥，直到十月六阴成坤，阴极而阳又生矣，此言一年之火候也。古圣恐世人着在年上，乃移一年之火候于一月。以月朔当复卦一阳初生，上弦适当二阳之兑，至望而成乾，三阳足矣；月望当姤卦一阴始生，下弦适当二阴之艮，至晦而成坤，三阴足矣，此言一月之火候也。又恐世人着在月上，乃移一月之火候于一日。以子时一阳当复卦，到巳而为六阳之乾，午时一阴当姤卦，到亥而为六阴之坤，一日之中已具足一月之晦朔、并一年之寒暑。大约取阳动阴静，而金丹之火候视此以为进退而已。一阳初动，朝晨之象，即年中之冬至，月中之朔日也，当准之而进阳火；一阴初静，黄昏之象，即年中之夏至，月中之望日也，当准之而退阴符。簇年归月，簇月归日，簇日归时，只在一时动静中，自分昏晓而已。故总收之曰“练药须知昏晓”，绝句中“一时辰内管丹成”即此意也。孰知一时又簇在一刻哉！又孰知时本无时，刻本无刻哉！噫！此真火本无候，至妙之机关也。

不辨五行四象，那分砂汞铅银？

修丹火候未曾闻，早便称呼大隐。

靡肯自思己错，更将错路教人，

误他永劫在迷津，似恁欺心怎忍！

此章言盲师不识金丹之妙，自误以误人也。金丹法象原本《河图》，盖《河图》以一中统摄四方。水火木金分列四方，是为四象。四象会于中五真土，是为五行造化之妙。一落到当人身上，人人具足，个个圆成，只此造化，顺之则生人生物，逆之则成佛成仙。天机难泄，古人不得已著为丹经，近取诸身喻为夫妇男女，远取诸物喻为砂汞铅银，总之皆法象也。至于真药、真火之骨髓，万劫一传，非得真师面授，迥无入处。世间有等愚夫，不经师承，猖狂妄行，闯入旁蹊曲径，一切杜撰，不知何者为五行，何者为四象，何者为砂汞铅银，此辈尚未识药物之面目，况火候乎？然旁门中有数等，最下者误执砂汞铅银为点金之术，错认夫妇男女为御女之方，高者不过搬弄身中精气，最高者亦不过见到澄澄湛湛底识性，内守幽闲，独修一物而已。堪笑此辈自己盲修瞎炼不肯认错，乃空腹高心妄称大隐。一日弟子未做，便去好为人师，教者以盲引盲，学者将错就错，引出一班瞎弟子，谤毁正道，指斥真师，无所不至。此辈不遇明眼人点破，生生劫劫永堕迷津，自误误人，一至于此，其罪可胜诛耶！祖师剖泄金丹大道到此，特为天下后世杜撰盲师痛下棒喝，大煞慈悲矣！

雄里内含雌质，真阴却抱阳精，

两般和合药方成，点化魂灵魄圣。

信道金丹一粒，蛇吞立变龙形，

鸡餐乃亦化鸾鹏，飞入真阳圣境。

此章言金丹大道能超凡入圣也。金丹之要只在坎离二物，故不厌谆复言之。离本太阳真火，阳中含阴，外实内虚，心之象也；坎本太阴真水，阴中包阳，外虚内实，身之象也。火中生木是为阳魂，水中生金是为阴魄。金木者，水火之交也，所以魂魄即寄于身心。心非肉团之心，乃先天凝聚之元精也；身非四大假合之身，乃先天流行之元炁也。身心妙合便是先天元神，但一落后天形气中，身界根尘役役于外，心缘诸识憧憧于中，逐妄迷真，遂致魂魄相离，流浪生死，长沉苦海。学道之士，当以真意为媒，和合身心，身心一如，寂然不动，金丹大药才得圆成。阳魂阴魄，到此一齐点化，合为元神，而至灵至圣矣。得此真种，倏忽之间便能转形色为天性，点凡胎作圣胎，一切自身中，众生到此立地超脱，不生不灭，湛然长存。只此金丹一粒，蛇吞之而变神龙，鸡餐之而化鸾凤，自然飞入真阳圣境矣。真阳圣境者，乃玉清、上清、太清三境，无极无上大罗天宫也。究竟三境岂别有哉？即本来元精、元炁、元神会三为一者也。蛇变龙，鸡变凤，总是转凡成圣底法象，切莫向痴人前说梦，亲证道妙者自当知之。

德信修逾八百，阴功积满三千。

均齐物我与亲冤，始合神仙本愿。

虎兕刀兵不害，无常火宅难牵。

宝符降后去朝天，稳驾鸾舆凤辇。

此章言学道之士当修德以凝道也。道与德如形之与影，寸步不可离，所以子思子云："苟不至德，至道不凝焉。"又如《周易》乾坤两卦，乾属道，坤属德，若非君子之厚德载物，岂遽能如圣人乘六龙以御天哉？学道之士愿力第一要广大：必先度尽一切众生，然后圆满正觉。行修八百，功积三千，皆愿力中事也。《金刚般若》云："是法平等，无有高下。"世人但知天地至广至大，一切蠢动含灵之物至微至细，孰知天地本来与我同根，谁是胜我者？一切蠢动含灵之物，本来与我同体，又谁是不如我者？究竟到此，何物何我，何亲何冤，管教均平齐一，无高无下，始合神仙度生之本愿矣。功行到头，道与德而并隆，形与神而俱妙，自然虎兕不能伤，刀兵不能害。无常倏忽，我则以谷神为大年；火宅燔烧，我则以露地为安宅。不生不灭，是真宝符；常清常静，是真天堂。脱却羊鹿小乘，便是龙车凤辇。本来如是，尊矣贵矣，岂别有宝符之可降，上天之可朝，鸾舆凤辇之可骖驾哉？虽然，为上根言只是道德尊贵一句足矣，但中人以下往往信不及，祖师恐学道人流入断见，姑现宝几珍御身而为说法耳。

又一首（以象闰月）

丹是色身至宝，炼成变化无穷，
更能性上究真宗，决了无生妙用。
不待他生后世，眼前获佛神通，
自从龙女著斯功，尔后谁能继踵？

此章言性命全修，一生证果，乃《悟真篇》之总结也。首章言内外二药便是性命两宗作用，至此摄用归体，直下示人见性以圆命功也。盖立命之功全在金丹，金丹大药本从无中生有，攒五行，簇四象，会三家，并二物，而归一炁者，一得永得，坚固不坏，炼之又炼，直到九转功成，上天下地，出幽入明，无所不可。金丹一道，岂非色身至宝而炼成变化无穷者乎？此关尹子所谓见精神而久生者也；虽则千变万化，然生生化化未有了期，终不脱长生二字。更须从此直下一脱，彻见本性，顿证无生，方知山河大地全露法身，往古来今不出一息，更有何至宝之难舍，变化之足夸？岂非决了性宗而彻证无生妙用者乎！此关尹子所谓忘精神而超生者也。奈何小乘之仙，未能顿见毗卢本性，往往从劫到劫，难登佛地。不若大心众生，直了无生，一彻俱彻，从此三身具足，六通圆明，以一生圆旷劫之果，现前境界，便与诸佛把手游行，岂待他生后世乎？所云大心众生，若《涅槃》之屠儿、《华严》之善财、《法华》之龙女是也。屠儿以放下屠刀立证贤劫菩提，善财以遍参知识会入弥勒楼阁，并称上根矣。至如龙女以宝珠献佛，刹那之间转女成男，往南方无垢世界，坐宝莲华，成等正觉，岂非"现前获佛神通"者耶？后之继

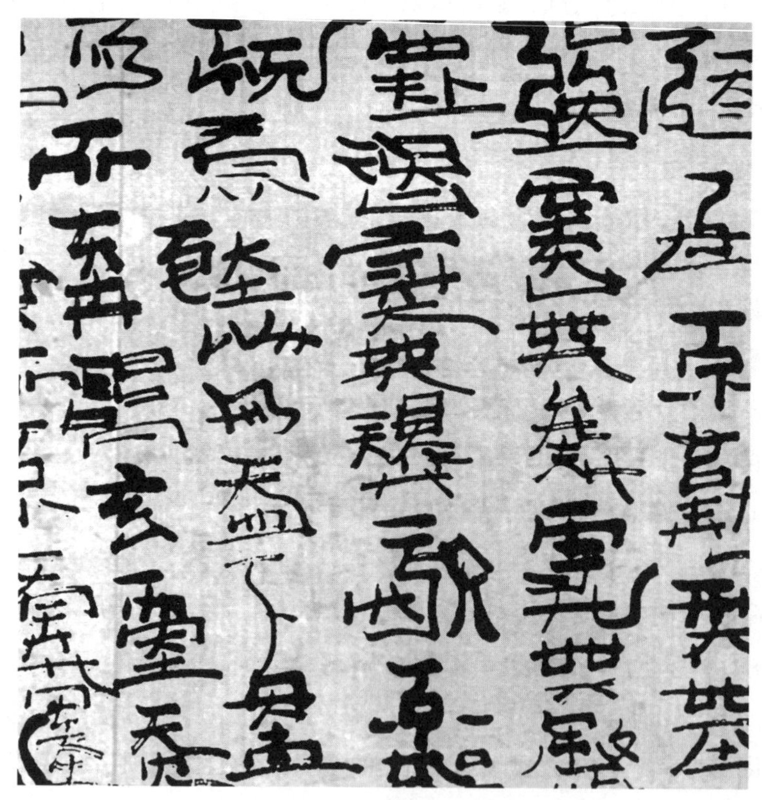

踵而起者，宁遂无其人耶？祖师特地叮咛于篇末，若将旦暮遇之矣。夫龙女成佛一案，据李长者《合论》云，此经中表法耳，今即以金丹法象表之，其作用无不合符。大海者，坎地也；女子者，纯阴之象；龙女表阴中之阳也；八岁表二八之数也；宝珠价值三千大千世界，表水中之金，乃身中无价至宝也；持以上佛者，还之于乾也；女转成男者，离变为乾，变化无穷之象也；南方者，后天离位，即先天乾位也；宝珠一上，金来归性，脱尽阴滓，炼之即色身至宝，了之即无生妙用也。从此，后天之离依然转作先天之乾，其体则刚健中正、纯粹以精，其用则各正性命、时乘变化，是名无垢世界，而成等正觉矣。《法华》权示龙女公案以表一乘妙法，《悟真》特取龙女法象以表金丹妙道。金丹之妙道非即一乘之妙法乎！此章总收性命二宗以应首章内外二药，不特为十二章结尾，乃《悟真篇》通部之结尾也；不特为《悟真篇》关键，乃万卷丹经之关键也；不特万卷丹经，并《河》《洛》妙义，《周易》《参同》《道德》《阴符》、一切三洞真经、三藏教典、千八百则公案，无不在其中矣。

绝句五首（以象五行）

饶君了悟真如性，未免抛身却入身。

何似更兼修大药，顿超无漏作真人。

此章言了性必须了命也。真如本性人人具足，本来无修无证，但在凡夫身中暂为五蕴所覆耳，若能一念回机，便同本得，当下即了悟矣。然理须顿捂，事以渐修，即如一身之中，六根门头尚有无始以来种种习气，当锻炼而薰修之，实实落落，当从身上薰修取证。从上诸祖见性之后，潜修密证，身心一如，直到习漏既尽，何难一生证果？所谓“现前获佛神通”者，此也。不则舍身取心，欲速见功，倘回首之时，一毫习漏未尽，不免抛身而入身矣。内典云罗汉尚有隔阴之迷，如沩山曾三世为国王，几乎忘却本来面目；云门曾三世为国王，便失却神通，可不危哉！修证之捷径，莫若金丹大药，大药妙用只在以火炼金。若能取日用之猛火，炼本来之真金，直从六根门头，炼之又炼，锻尽无始以来习气，直到矿净金纯，露出无位真人面目。有修有证者，恰合其无修无证之本性。于是从无相而生实相，即法身而成报身，是谓九转功圆，形神俱妙，超出一切有漏因果，永无抛身入身之患，而称大觉真人矣。此祖师为独修一物者痛下针砭，然篇中所云了悟，只指后来一橛禅耳。若从上诸佛诸祖，皆穷理尽性至命以证无漏妙果者，未可一概而论也。

投胎夺舍及移居，旧住名为四果徒。

若会降龙并伏虎，真金起屋几时枯？

此章言小果之不足证也。从古到今只有金丹一道可以超脱生死。然大道难闻，小果易就。更兼世人根器大小不同，舍大取小者颇多，往往各执一法，得少为足，一旦大限已到，功行未圆，生怕抛身入身，故作种种伎俩：有习归空之诀而投胎者，有夺死人之舍而投生者，有恐宅舍不坚，长用迁徙之法而为移居者，又有志在留形住世，隐处深山穷谷而为旧住者。总而言之则曰四果徒，皆由未知金丹大道，遂落小果。金丹之要，只在一龙一虎。龙虎即身心也，若能降伏身心，便是降龙伏虎。真空之身与妙有之心浑合无间，自然形神俱妙。此万年不坏之真金，即人人安身立命之本宅也。真金起屋，何时而枯？从此经行坐卧长住其中，任他沧海成田，我自安然不采，何有破损迁徙之患，而学区区小果乎！

鉴形闭息思神法，初学艰难后坦途。

倏忽纵能游万国，奈何屋破却移居！

此章言小道之不可久也。真金起屋才得不枯，可见一切非真金者俱不能长存矣。奈何旁门小法，各取其验，世人多为歆动。鉴形者，铸一大镜，时时鉴照己形，久之自忘其形，不觉入镜中矣。或曰即闭目静坐，鉴观己形也亦通。闭息者，闭住呼吸之气，自一息两息以至千万息，置鸿毛于鼻端，一毫不动，方称效验。思神者，或默朝上帝，或存想昆仑，久之而神出矣。三者一着于形，一着于气，一着于神，皆落后天渣滓，与金丹大道至简至易者何啻霄壤！此等小法，初学甚是艰难，其功力既专且久，俱能定中出得阴神，倏忽之间，游遍九州万国，可调得意之极矣。奈何宅舍难固，形神易离，能无屋破而移居乎？此亦四果之徒，难免无常大限者。学道者当勤求金丹大药，不可以此自限也。

释氏教人修极乐，只缘极乐是金方。

大都色相惟兹实，余二非真漫度量。

此言直指自性西方，令学人知所归宿也。释教有净土法门，劝人念佛，念到一心不乱，寿命终时佛来接引，往生西方极乐世界，详见《弥陀》等经。世人但执西方之相，罕能穷源，不知此亦古佛应化一时方便之谈，未可取相昧性，自生窒碍也。盖东方属木，乃造化发育之乡；西方属金，乃造化归藏之地。即易象观之，后天乾居西北，便是金方，东方出震之帝，到此才得归根复命，李长者云“佛乃至阳之德”是也。亘古亘今只有这点乾金，纯粹以精，为人人本来真性。此金其性坚刚，万劫不坏；其质纯白，一切不染；不染不坏，自在长住，岂非极乐世界乎！《维摩经》云“随其心净，即佛土净”，《坛经》云“但心清净，即是自性西方”是也。夫此金性非常非断，无色无相，却又能现出丈六金身、三十二相。无色之身是谓法身，无相之相是谓实相，妙有真空一时具足，西方极乐只在眼前，所谓只此一事实，余二即非真者也。若从西方远近、极乐有无、秽净取舍、往生去来上拟议卜度，则去久矣。可见东华之上真即西方之古佛，金丹之大道即金仙之极果也，此《维摩》所谓不二法门也。祖师恐学人生二见，特为提破。

俗语常言合至道，宜向其中细寻讨。

能于日用颠倒求，大地尘沙尽成宝。

此章言至道不离迩言，令学人会无言之意也。祖师著《悟真篇》，到此将搁笔矣，恐人只作玄言妙义会过，枉却一片婆心，故特地叮咛告说，汝等诸人，切勿从俗语常言外另觅玄言妙义以为至道也。真正至道只在十字街头、闹浩浩地俗语常言中，但未向其中细细寻讨耳。至道云何？当初“一生二，二生三，三生万物”，一切以顺而生，百姓日用而不知者，此也。所谓五行顺行，法界火坑，生机转作杀机矣。若能摄万归三，摄三归二，摄二归一，一切以逆而成，圣人洗心而退藏者，此也。所谓五行颠倒，大地七宝，杀机转作生机矣。生机杀机原非两橛，转与不转只在当人。故曰：“能于日用颠倒求，大地尘沙尽成宝。”大地喻世界，即身是也；尘沙喻众生，即心是也。学人能从日用饮食七颠八倒中，一念回机，消归自己，到得身心一如，则世界众生，有情无情，彻上彻下，亘古亘今，一切皆成正觉。何有大地尘沙之非七宝乎？又岂有圣凡之可分，净秽之可界，圣贤仙佛之可别乎？颠倒之秘全在俗语常言中，须知通部《悟真篇》皆俗语常言也，万卷丹经亦俗语常言也，三藏十二部、六经、诸子百家，一切俗语常言也。执此求至道不得，离此求至道亦不得，毕竟如何？曰神而明之，存乎其人。

编辑手记

天性，人也；人心，机也。

圣人体天用道之机以定人事。得机，然后动，则庶无不安。是故圣人顺天地之道，显微阐幽，变通阴阳，直达天人之机。

故欲究中国之学，必以观天时，见天机而执之，体著而用微，乃复归于中和。

圣人窥天之机，合天之德，作阐幽以冀将来，望不失天人之学也！

戊戌年　五月初一 青元